PHP
Business Shinsho

ジョーさん。の神速うまレシピ

Joesan
ジョーさん。

PHPビジネス新書

はじめに

はじめまして。ジョーさん。といいます。
「。」までが名前です。

いきなりですが、

「料理は好きですか？」

この本を手に取ったということは、それほど嫌いではないのかもしれません。
大変な料理好きで、さらにレベルアップしたくて見てみたのかもしれません。もしかしたら、何かしら理由があって「嫌い」になりかけてしまっているのかも。

でも、どんな方でも願いは1つ。
「おいしいものが食べたい」ですよね。
料理に苦手意識をもっている方は、こんな「ハードル」を感じたこ

とはないでしょうか。

・忙しくて料理をする時間がない
・毎日レシピを考えるのがつらい
・健康のために自炊をしたいけど、不器用だからムリ
・お金をかけたくない
・食材を余らせたくない
・パートナーに怒られるから台所に立てない……

ぼくも「料理研究家」などと名乗ってはいるものの、じつは、同じ悩みを抱えながら料理をしていました。

「自分が悩んでいるということは、同じような悩みをもっている人がいるはず。じゃあ、それを解決するようなレシピを投稿してみよう！」と思いたって、Twitterにレシピを投稿しはじめたところ、たくさんの反響がありました。

ありがたいことに、春巻きの皮で作る「ティラミスクレープ」をは

はじめに

じめ、市販の食品にひと手間加えるだけのレシピや、意外な組み合わせで手間を省いた（でも、おいしい）レシピに、たくさんの「いいね！」がつきました。

そして、それまでほとんど料理をしたことがない人や、嫌々ながら料理をしていた人から、

「楽しんで台所に立てるようになった！」


と喜びの声が届くようになったのです。

コンビニやスーパーに行けば、安くておいしいお弁当や惣菜、調味料がたくさん売られています。こんな便利な時代にあえて料理をするのには、「**理由**」があります。

料理はとっておきの趣味になるし、料理を通して仕事や生活に役立つ力がたくさん身につくからです。そして料理は、人生の生きがい・日常の楽しみにもなるのです。

そのことを本書を通じて多くの方に知ってもらいたいです（エビデ

ンスは「ぼく」です）。

本書の目標は、包丁を握ったこともない料理初心者の方をはじめ、何らかの理由で料理が嫌になってしまった方にもう一度、台所に立ってもらうこと。そして、料理をする方には、もっと料理を面白く感じてもらうことです。

そのために、ラクに作れてしかも「**めちゃうま！**」な77のレシピを用意しました。もちろん、すべて新作です。

「これ」なら、誰でもおいしい料理が作れます。

料理を作る楽しさ、料理がもつ力を存分に堪能できることを心より願っています。

ジョーさん。

ジョーさん。の神速うまレシピ

Contents

Part.2 異色コラボが実現

驚きうまレシピ

Contents

Part.5 楽しく作って喜ばれる おもてなしうまレシピ

最低限これだけあればOK!

マスト調味料&素材

塩、こしょう、しょうゆなどの基本調味料のほかに
常備しておきたい調味料と素材をご紹介。
これらを使うと、手軽に料理がおいしくなります。

● マヨネーズ

コクとうまみたっぷり。そのままかけるほか、しょうゆやみそ、めんつゆと合わせても◎! 明太子との相性も抜群。カルボナーラの卵代わりに、と使い道さまざま。

● めんつゆ

和風の甘辛味には大活躍! これに何かを漬け込めばだいたいうまい。マヨネーズなどと混ぜるとコクが出て濃厚なおいしさに。3倍濃縮がおすすめ。

● オリーブオイル

オリーブの実を搾っただけの香りのいいエキストラバージンオリーブオイルがおすすめ。洋風のあえ物にたっぷりかけると、オリーブのいい香りがおいしさを後押し。

● ごま油

ごまの香ばしい風味は中華や韓国風のおかずにマスト。あえ物に1たらしするだけで、料理がアップグレードします。ごま油とポン酢を混ぜたドレッシング(P63)は、どんな野菜にかけてもグッド。

チューブにんにく

少量加えるだけで、料理にパンチが増します。ただし、生にんにくより臭いが残りやすいので、使いすぎに注意。

ラー油

料理に1たらしするだけで、おつまみ仕様に大変身。辛みと風味が、料理に奥行き感を生み出します。

キムチ

うまみの宝庫！　そのまま食べるのはもちろん、鍋や炒め物の調味料代わりになるのもグッド。同じ発酵食品のチーズや塩辛と合わせてもおいしい。

チューブしょうが

しょうがは料理に辛みと風味をプラスし、複雑な味にしてくれます。毎回すりおろすのは面倒なので、チューブを愛用。

バター

豊潤な香りと濃厚なコクが楽しめるバターは、少し加えるだけでもおいしさがグンと格上げされます。シチューや肉の煮込み料理にもぴったりです。

チーズ

アクセントとして使うと、コクとクリーミーさがグッと増します。トースターで焼けばトロ～リとし、あえ物に使うとボリュームアップ！

本書の使い方

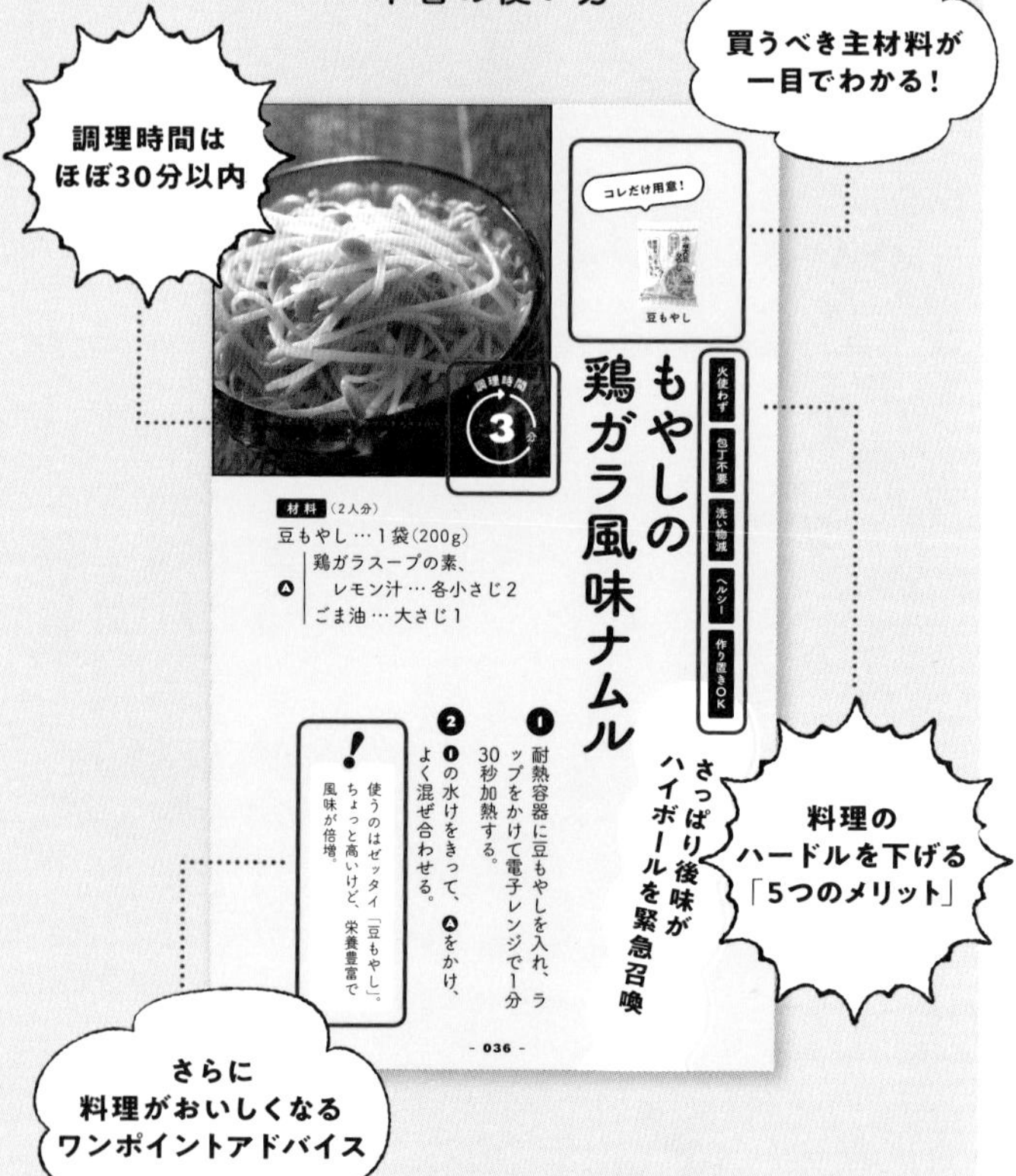
調理時間は
ほぼ30分以内
買うべき主材料が
一目でわかる！
コレだけ用意！
豆もやし
もやしの
鶏ガラ風味ナムル
火使わず
包丁不要
洗い物減
ヘルシー
作り置きOK
調理時間
3分
材料（2人分）
豆もやし…1袋（200g）
Ⓐ 鶏ガラスープの素、
レモン汁…各小さじ2
ごま油…大さじ1
1 耐熱容器に豆もやしを入れ、ラップをかけて電子レンジで1分30秒加熱する。
2 1の水けをきって、Ⓐをかけ、よく混ぜ合わせる。
さっぱり後味が
ハイボールを緊急召喚
料理の
ハードルを下げる
「5つのメリット」
！
使うのはゼッタイ「豆もやし」。ちょっと高いけど、栄養豊富で風味が倍増。
- 036 -
さらに
料理がおいしくなる
ワンポイントアドバイス

注意点

- 大さじ1は15mℓ、小さじ1は5mℓです。チューブにんにく・しょうがはcm表記にしています。生のにんにくに置き換える場合はチューブ3〜4cm＝1かけ。生のしょうがの場合はチューブ8〜10cm＝1かけです。
- 電子レンジの加熱時間は600Wの場合の目安です。500Wの場合は加熱時間を1.2倍、700Wの場合は0.8倍して、火の通り具合をみて適宜調節してください。
- 目安となる加熱時間は、ガスコンロやIHなど、種類によって変わってきます。材料の火の通り具合などは、ご自身でお確かめください。
- オーブントースターは1000Wを使用しています。

帰宅後、疲れた身体でも
サッと作れるレシピをご紹介します。
調理時間は「10分以内」、しかも、
包丁や火を使わないレシピばかりです。
料理初心者はここで紹介するレシピを
皮切りに他のレシピを作ってもいいし、
おつまみ1品で終えて
晩酌に移ってもOKです。

Just Do It!

誰でも簡単に作れる

高速
うまレシピ

Part 1

Part.1

「高速うまレシピ」の目標

「料理に慣れよう」

1　とりあえず台所に立て！

よく「献立を考えるのが大変」なんて言葉を耳にします。でも、料理ができる人は、「何を作るか」は決めていなかったりします。

冷蔵庫をあけて、賞味期限の近いキムチなんかを手に取り「豆腐やチーズなら合うかなー？」ぐらいの気持ちでのせてみる。とりあえずごま油をかける。ほら、もう1品完成です。お酒が好きなら、ビール片手に料理してもいい。気楽に台所に立ってみましょう。

2　5分だけ頑張れ！

料理ってめんどくさいですよね。ぼくだってそういう気分になるときがあります。

そこで、考え方を変えてみませんか？　やる気が湧いたら料理を始めるのではなく、「この5分だけ料理をしたら、あとは休んでもいい」くらいの気持ちで台所に立ってみる。実際に5分も料理をすると脳は「興奮状態」になり、めんどくさい気持ちが吹っ飛びます。

3　「ふぞろい」は家メシの特権

高級フレンチやチェーン店では、均一な味やサイズが求められます。けれど、ふぞろいや、不均一も楽しいのが家庭料理です。

味のしみ方がグラデーションになっていたり、切った食材のサイズがバラバラだったりすると、食感にリズムが生まれて楽しいです。味が足りないならしょうゆを1たらしすればよいのです。家庭料理に“失敗”はありません。楽しんだもの勝ちです。

火使わず　洗い物減　ヘルシー　作り置きOK

冷やしトマトのザーサイあえ

ノースキルで中華前菜が作れるなんて！

コレだけ用意！

ザーサイ　トマト

材料（2人分）

トマト…2個
味つきザーサイ…100g
Ⓐ ごま油…大さじ2
Ⓐ チューブにんにく…4㎝
Ⓐ 鶏ガラスープの素…小さじ1

❶ トマトは一口大に切り、ザーサイは粗いみじん切りにする。

❷ ボウルにⒶを入れて混ぜ合わせ、❶を加えてあえる。

！ トマトはあらかじめ冷蔵庫で冷やしておくと、おいしさアップ！

ガラスープが決め手

調理時間 5分

万能ねぎはたっぷりのせよう

コレだけ用意！

卵

万能ねぎ

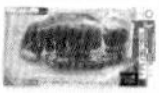
生ハム

絹ごし豆腐

生ハムやっこ

火使わず　ヘルシー

生ハム&卵黄でユッケ風味に！

材料（2人分）

絹ごし豆腐…1丁（300g）
生ハム…7〜8枚
万能ねぎ…1本
Ⓐ オリーブオイル…大さじ2
　 しょうゆ…小さじ1
卵黄…1個分

1 豆腐は軽く水きりする。生ハムはみじん切り、万能ねぎは小口切りにする。

2 ボウルにⒶ、生ハムを入れて混ぜ合わせる。

3 器に豆腐を盛り、2、卵黄、万能ねぎをのせる。

！ オリーブオイルがなければごま油でもOK！

火使わず
包丁不要
ヘルシー

塩辛キムチやっこ

コレだけ用意!

絹ごし豆腐

キムチ

いかの塩辛

材料（2人分）

絹ごし豆腐…1丁(300g)
いかの塩辛…大さじ4
キムチ…50g
レモン汁(あれば)…3〜4滴

お酒にもご飯にも合うオールラウンダー

1. 豆腐は軽く水きりする。
2. ボウルに塩辛、キムチ、レモン汁を入れ、混ぜ合わせる。
3. 器に❶を盛り、❷をのせる。

! キムチが大きければ、キッチンバサミで小さく刻もう。

アボカド納豆

火使わず　ヘルシー

コレだけ用意!

納豆

アボカド

材料（2人分）

アボカド…1個
納豆…1パック
焼きのり（あれば）…適量
ラー油…1たらし

ピリッと辛みを利かせよう!

これはまぐろ? いえ、それ以上にうまい奴です

❶ アボカドは種と皮をとり除き、2cm角に切る。

❷ ボウルに納豆、付属のたれを入れてよく混ぜ、❶とあえる。

❸ 器に❷を盛り、のりをちぎってのせ、ラー油をたらす。

! 辛いものが苦手な人はラー油の代わりにごま油でもOK!

万能ねぎのピリ辛ナムル

火使わず　ヘルシー　包丁使わず

材料（2人分）

万能ねぎ…1束

Ⓐ
- ごま油…大さじ2
- 白いりごま…小さじ½
- 鶏ガラスープの素…小さじ1
- しょうゆ…小さじ2
- 七味唐辛子…1振り

シャキシャキ歯応えがたまらない！

1. 万能ねぎを5㎝幅に切る（キッチンバサミが便利）。
2. ボウルにⒶを入れて混ぜ、1を加えてあえる。

！ タレを混ぜてから万能ねぎを入れたほうが、きちんと味がなじむ。

紅白コンビが織りなす奇跡のソース

明太マヨディップ

火使わず　洗い物減

コレだけ用意！

きゅうり

明太子

材料（2人分）

明太子…1腹
マヨネーズ…大さじ4
きゅうり…1本

❶ 明太子は皮にキッチンバサミを入れて身を出し、マヨネーズと混ぜ合わせる。

❷ きゅうりはスティック状に切る。

❸ 器に❶を盛り、❷につけて食べる。

！ セロリやにんじんをディップしてもおいしい。

火使わず

ヘルシー

ツナのクリチーディップ

家飲みでこれ出したらモテます

調理時間
5分

コレだけ用意!
クリームチーズ
ツナ水煮缶
ミニトマト
クラッカー

材料（2人分）

ツナ水煮缶…1缶（70g）

Ⓐ
- クリームチーズ…80g
- チューブにんにく…2㎝
- 粗びき黒こしょう…小さじ¼

ミニトマト…3～4個

クラッカー…10枚

❶ ツナは汁けをきり、ボウルに入れる。Ⓐを加えてなめらかになるまでよく混ぜる。

❷ ミニトマトは輪切りにする。

❸ クラッカーに❶、❷の順にのせる。

！ クリームチーズは室温にもどしておくと混ぜやすい。スティック野菜との相性もばっちり！

子どもも食べられる懐かし〜い味

ざっくりキャベツのかにかまあえ

火使わず　包丁不要　洗い物減　ヘルシー

コレだけ用意！

キャベツ

焼きのり

かに風味かまぼこ

材料（2人分）

キャベツ…大2枚
かに風味かまぼこ…5本
焼きのり…½枚
Ⓐ マヨネーズ…大さじ2
Ⓐ めんつゆ（3倍濃縮）、ごま油…各小さじ1
Ⓐ 塩…2つまみ

❶ キャベツは食べやすい大きさにちぎる。かに風味かまぼこは細く裂く。

❷ ボウルにⒶを入れて混ぜ、❶、のりをちぎって加え、あえる。

！ キャベツのくたっとした感じが好きなら、ラップで包んでレンジで1分加熱しよう。

無限キャベムーチョ

火使わず
包丁不要
洗い物減

コレだけ用意!

せん切りキャベツ

卵

細切りポテトスナック

材料（2人分）

せん切りキャベツ（市販）…1袋（約130g）
細切りポテトスナック（辛味）…1袋
卵…1個

カリカリサクサク……だ、誰か止めてくれ!

温玉レシピ

❶ 温泉卵を作る。耐熱容器に卵を割り落とし、かぶるくらいの水を入れ、竹串で黄身に5か所ほど穴を開ける。ラップをかけずに電子レンジで50秒加熱する。

❷ ボウルにキャベツ、ポテトスナックを入れてよく混ぜ、水けをきった❶をのせる。

! カリッと焼いた目玉焼きをのせても、香ばしくておいしい。

韓国でおなじみのつまみを神アレンジ

さきいかのキムチあえ

火使わず　包丁不要　洗い物減　ヘルシー　作り置きOK

コレだけ用意!

キムチ

ソフトさきいか

材料（2人分）

ソフトさきいか…20g
キムチ…50g
白いりごま…小さじ½
ごま油…小さじ1

1. ボウルに材料をすべて入れ、混ぜ合わせる。

! 冷蔵庫で一晩おくと、味がなじんでさらに美味。

コレだけ用意！

はちみつ

ミックスナッツ

スライスチーズ

火使わず。　洗い物減　ヘルシー

スライスチーズとナッツのはちみつがけ

白ワインと共に優雅な夜を！

材料（2人分）

スライスチーズ…3枚
ミックスナッツ…30g
はちみつ…適量
粗びき黒こしょう…1振り

1. スライスチーズを4等分に切り、器に並べる。
2. ❶にミックスナッツを均等にのせ、はちみつを全体にかけ、粗びき黒こしょうを振る。

！ とろけないチーズで作るのがポイント。

仕事、人間関係、
お金に効く!

料理は最強のソリューションである

仕事、健康、恋愛、結婚、お金——、ありがちな人間の悩みです。過去の歴史を振り返っても、世界各国見わたしても、みんな同じような悩みを抱えているようです。こうした悩みのソリューションになりうるのが、料理です。

❶料理ができる人は仕事もデキる

家族のために料理をふるまっていると、自然と**「段取り力」と「アドリブ力」が身につきます。**

ある程度は作る料理を決めて、材料を買い出しておく「段取り」は当然として、「家にある納豆の期限が近いから、これを使ってもう1品作ろう」など、状況に応じた創意工夫が求められる。ところがいざテーブルに出してみたら子どもが食べるのを嫌がったりする、というのが家の料理です。

仕事でつねに100点満点の成績を出す必要がないのと同

じように、家でフルコースを作る必要はありません。リソース（材料）を準備しておきつつ、不測の事態にも対応して必要十分なアウトプットが出せる。その力を養えるのが料理です。

私は料理家ですが、仕事として成立させるために営業、経理、事務処理、R&D（レシピの研究開発）も1人で行なっています。こうした仕事と料理のときでは、使っている脳味噌はそれほど変わりません。「仕事で成果を出したい」。そう思っている方にこそ、料理にチャレンジしてほしいです。

❷ 料理ができる人は健康

料理をするようになると、カロリーや糖質を自分でコントロールできるので、料理をしない人に比べたら健康管理がラクになります。

Column

仕事、人間関係、お金に効く!

料理は最強のソリューションである

望むと望まざるとにかかわらず、**栄養に意識が向くようになります**。

たとえば、ランチをカツ丼だけで済ませた人がいるとします。「夜は料理をしよう」と決めている人は、帰りのスーパーで「野菜摂ってないし、トマト1個でも食べておこうかな」という選択肢が生まれます。でも、帰りに牛丼屋さんに行く人は「さあ、野菜を食べよう」とはならないのでは。

また、料理をする人は自分で買い物をします。すると、自然と**「旬の食材」を手に取るようになります**。旬の食材は値段も安く、栄養価も高い。意識しなくても滋養《じよう》のあるものを摂れるので、健康な身体に近づくのです。

同時に、「良いものを食べよう」という前向きな意識によって健康なメンタルの維持につながります。

❸ 料理ができる人は、パートナーシップを築くのがうまい

家事で大事なタスクの1つが、食事の支度です。

どんなにやさしいパートナーでも、自分が手出しのできない家事だと、他人《ひと》事《ごと》になりがち。皆さんも身に覚えがあるでしょう。なんの悪気もなく、夏場に「昼はそうめんとかでいいよ」なんて口走ってしまったりして、パートナーの機嫌を損ねてしまうのです。

夏場の灼熱《しゃくねつ》地獄の台所で、1ℓ以上のお湯を沸騰させて、ざるにあけて——、という作業を行なったことがある人なら、決して「そうめんでいい」という言葉は出てこないはずです。

大切なのは、食事の支度という家事の大変さを知ること。

それだけで発する言葉が変わってくるので、円満な関係を築くことができるはずです。

火使わず　包丁不要　洗い物減　ヘルシー

すごもり卵

とろ~り卵が激ヤバ!

コレだけ用意!

卵

せん切り
キャベツ

材料（2人分）

せん切りキャベツ（市販）
…1袋（約130g）
卵…1個
Ⓐ 顆粒コンソメ…小さじ1
　 塩、こしょう…各少々

❶ 耐熱皿に中央をくぼませるようにキャベツを敷き、Ⓐを振る。

❷ 中央に卵を割り入れ、楊枝や竹串で黄身に穴を数か所開け、ラップをかけて電子レンジで2分加熱する。

! 卵に穴を開けないと、破裂の恐れあり。数か所開けよう。

黄身に穴！
これ大事
トロッ
卵をオン！
味つけも
気を抜くな！
完成！
十分味が
しみ込んでいるので、
しょうゆ不要！
調理時間
5分

アッアッうま辛、まるでチョリソー

ソーセージのにんにくラー油がけ

火使わず

洗い物減

コレだけ用意！

ソーセージ

材料（2人分）

ソーセージ…5本
ラー油…2たらし
粗びき黒こしょう…2振り
チューブにんにく…4㎝

1. ソーセージは斜め半分に切り、耐熱皿にのせ、ラップをかけて電子レンジで50秒加熱する。
2. 1にラー油、粗びき黒こしょう、チューブにんにくを加えて混ぜる。

！ 香りをキープするため、調味料は必ず加熱後に。

コレだけ用意！

ツナ水煮缶

ちくわ

火使わず

洗い物減

ヘルシー

作り置きOK

ふわホク！ちくわツナ

材料（2人分）

ちくわ…5本

ツナ水煮缶…1缶（70g）

Ⓐ
- マヨネーズ…大さじ2
- 塩…1つまみ
- 粗びき黒こしょう…2振り

一味唐辛子…1振り

食べ応え◎！
ふわホクが止まらない！

1. ツナの汁けをきり、ボウルに入れ、Ⓐを加えて混ぜ合わせる。
2. ちくわは2cm幅の斜め切りにして❶に加えてあえ、ラップをかけて電子レンジで1分加熱する。仕上げに一味唐辛子を振る。

！ 一味唐辛子、粗びき黒こしょうを抜けば、子どもが好きな味に！

さっぱり後味がハイボールを緊急召喚

もやしの鶏ガラ風味ナムル

火使わず　包丁不要　洗い物減　ヘルシー　作り置きOK

コレだけ用意！

豆もやし

材料（2人分）

豆もやし…1袋（200g）

Ⓐ
鶏ガラスープの素、レモン汁…各小さじ2
ごま油…大さじ1

❶ 耐熱容器に豆もやしを入れ、ラップをかけて電子レンジで1分30秒加熱する。

❷ ❶の水けをきって、Ⓐをかけ、よく混ぜ合わせる。

！ 使うのはゼッタイ「豆もやし」。ちょっと高いけど、栄養豊富で風味が倍増。

丸ごと調理!

コレだけ用意!

ピーマン

丸ごとピーマン

火使わず　包丁不要　洗い物減　ヘルシー　作り置きOK

めんつゆの風味で種まで完食!

材料（2人分）

ピーマン…4個
酒…大さじ1
チューブしょうが…4cm
めんつゆ（3倍濃縮）…大さじ2
削り節…小1袋（2.5g）

1. 耐熱容器にピーマンを入れて酒を振り、ラップをかけて電子レンジで4分加熱する。
2. 1にチューブしょうがをのせてめんつゆをかけ、削り節を振る。

！ ピーマンを丸ごと調理すると、水分が逃げないため、驚くほどジューシー。

調理時間
4分

コレだけ用意!

卵
万能ねぎ
冷凍うどん

火使わず

釜玉バターうどん

はふうまw ゆでずに本格釜揚げ!?

材料（1人分）

冷凍うどん…1玉
卵…1個
万能ねぎ…1本
Ⓐ バター…10g
Ⓐ しょうゆ…小さじ1
Ⓐ 粗びき黒こしょう…2振り

1. 万能ねぎは小口切りにする。丼に卵を溶きほぐし、Ⓐを加える。
2. 冷凍うどんはラップで包み、電子レンジで1分40秒加熱する。
3. ❶の丼に❷を加えてよく混ぜ、万能ねぎを散らす。

！ 麺が完全に解凍できていない場合は軽くもみほぐし、追加で20秒ずつ加熱。レンジ解凍対応の冷凍うどんを使う場合は、袋の指示通りに加熱すること。

火使わず　包丁不要　洗い物減　ヘルシー　作り置きOK

ペペロンチーノ風焼き枝豆

ごま油の香りが食欲を何度も掻き立てる

コレだけ用意！

冷凍枝豆

材料（2人分）

冷凍枝豆…200g（½袋）

Ⓐ
- ごま油…大さじ2
- チューブにんにく…3㎝
- 輪切り唐辛子…1つまみ
- 塩…少々

❶ 冷凍枝豆は流水で解凍し、よく水けをきる。

❷ アルミホイルを広げて❶をのせ、オーブントースターで13分焼く。

❸ Ⓐを混ぜ合わせ、❷の全体にかける。

！ 輪切り唐辛子がなければ、一味唐辛子でもOK。

あなたは大丈夫？

料理の「やってはいけない」

ここでは、とくに初心者の方が陥《おちい》りがちな料理の落とし穴をいくつか紹介しましょう。

×ささいな失敗で凹む

ちょっと卵を焦がしてしまっただけで、「自分は料理に向いてない」と決めつける人がいます。ボールを一度も取りこぼしたことのない野球選手はいないはずです。卵を焦がしたなら、焦げ以外の部分をお皿にのせればいいだけのこと。気にやまず、さっとリカバーしましょう。

×強火を使う

「火力が強ければ時短になるのでは？」と思われがちですが、これが大きな落とし穴。たしかに「強火で素早く！」というテクニックが必要になるケースはありますが、慣れないうちに強火を使うと、水分が飛びすぎたり、外側が焦げたのに中は生焼け、といった失敗を招きます。家庭料理は弱火と中火、せいぜい「強めの中火」で十分です。

×時間をかけすぎる

趣味の料理ならじっくりと時間をかけるのもいいでしょう。でも、普段の食事は手短に済ませたいところ。こだわり抜いたチャーシューから作る１００点満点のチャーハンよりも、ハムでささっと作った70点のチャーハンのほうが、ずっと価値があります。拙速《せっそく》は巧遅《こうち》に勝るのです。

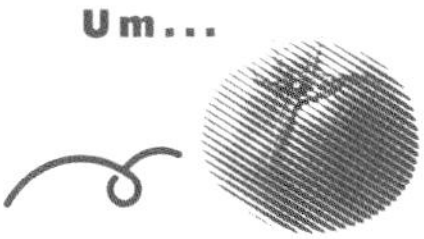

×マイナー調理道具を買い込む

家庭の台所は共用なので、勝手に道具を増やすと家人の迷惑になってしまいます。包丁、さいばし、木べら、大小のフライパンと鍋。最低限これらがあれば料理はできます。プロが使うような調理道具は、上達するまで我慢。

火使わず　洗い物減　ヘルシー

さばとえのきのホイル焼き

さば缶で作る、ちゃんちゃん焼きの「異端児《ニューウェーブ》」

コレだけ用意！

えのき

さばみそ煮缶

材料（2人分）

さばみそ煮缶 … 1缶（180g）
えのき … 1袋
マヨネーズ、
七味唐辛子 … 各適量

1. えのきは根元を落とす。
2. アルミホイルを器状にし、1を全体に敷き、さばみそ煮を軽くほぐしてのせる。アルミホイルをかぶせて蓋をする。
3. オーブントースターで15分加熱したら、マヨネーズ、七味唐辛子を振る。

！ アルミホイルで蓋をするのは、みそを焦がさず「蒸し焼き」にするため。

アルミホイルの器に
えのき、さば缶を
のせ……
蓋をして
トースターへ
完成！
は、早く
ビールをくれ～
調理時間
18分

めんつゆ&バターで
主食級のうまさ！

厚揚げステーキ

火使わず　洗い物減　ヘルシー

コレだけ用意！

万能ねぎ

厚揚げ

材料（2人分）

厚揚げ…1枚（150g）
万能ねぎ…3本
バター…10g
めんつゆ（3倍濃縮）…大さじ1と½

1. 厚揚げは1cm幅に切り、万能ねぎは小口切りにする。
2. アルミホイルを広げて厚揚げを並べ、オーブントースターで8分焼く。
3. ❷に万能ねぎを散らし、バターをのせ、めんつゆを回しかける。

！
バターがとろけるくらいアツアツの状態で食べて！

コレだけ用意！

焼きアスパラビスマルク

包丁不要　ヘルシー　洗い物減

材料（2人分）

グリーンアスパラガス … ４本
卵 … 1個
オリーブオイル … 大さじ1
粉チーズ … 小さじ2
粗びき黒こしょう … ２振り

「え、俺シェフ？」と勘違い必至の簡単イタメシ

❶ アスパラガスは根元のかたい部分の皮をむく（ピーラーが便利）。

❷ フライパンにオリーブオイルを熱し、❶を入れ、ときどきゆすりながら先端がこんがりとしてくるまで弱めの中火で焼く。

❸ アスパラガスをきれいに並べ直し、卵を割り入れ、約3分焼く。器に盛り、粉チーズ、粗びき黒こしょうを振る。

香ばしソーセージとチーズの鉄板コラボ

ソーセージの焼きフォンデュ

包丁不要　洗い物減

コレだけ用意！

ピザ用チーズ

ソーセージ

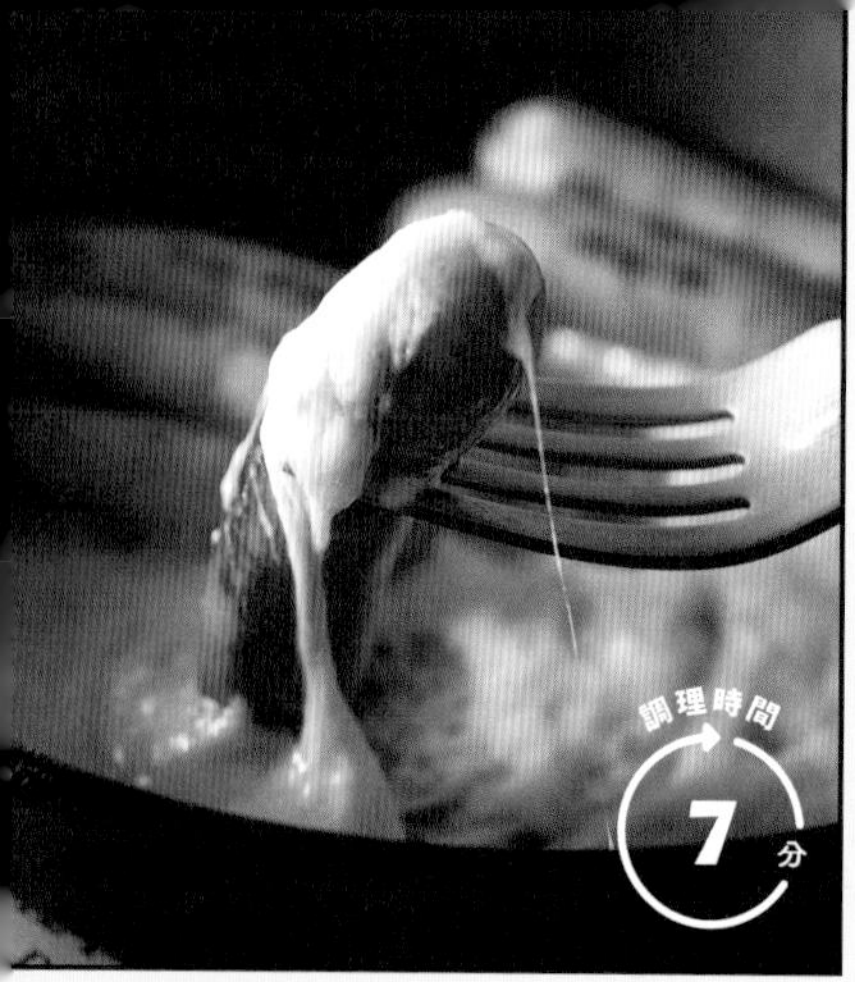

材料（2人分）

ソーセージ…5〜6本
ピザ用チーズ…40g

1 フライパンにソーセージを入れて中火にかけ、ときどき転がしながら軽く焦げ目がつくまで焼く。

2 ピザ用チーズを入れて蓋をし、弱火で約2分加熱する。

！ 小さなフライパンで作るのがおすすめ。

コレだけ用意！

ハーフベーコン

レタスミックス

包丁不要　洗い物減　ヘルシー

レタスミックスのベーコン鍋

包丁いらずのシンプルポトフ

材料（2人分）

レタスミックス
…1袋（80～90g）
ハーフベーコン…4枚
顆粒コンソメ…小さじ2
こしょう…1振り
水…400mℓ

1. 鍋にベーコンを入れて中火で炒め、表面が軽く色づいたら分量の水を加える。
2. 煮立ったら残りの材料を入れ、レタスがくたっとするまで煮る。

！ 生のレタスなら大きめの葉2～3枚です。

ヘルシー

サラダチキンのトマトスープ

トマトジュース　サラダチキン

材料（2人分）

サラダチキン…1パック（100〜120g）

Ⓐ
- トマトジュース、水…各200mℓ
- 顆粒コンソメ、白ワイン（または酒）…各小さじ2

バジル…2振り

クラッカー（好みで）…1〜2枚

1. サラダチキンは1.5cm角に切る。
2. 鍋にⒶを入れて強めの中火にかけ、煮立ったら❶を入れ、中火にして温める。
3. 器に盛り、バジルを振り、好みでクラッカーを砕いて入れる。

！どの味のサラダチキンを使ってもおいしくできる料理がこれ。

チキン×ジャム、
ベーコン×塩昆布……。
「意外な食材(調味料)」同士を組み合わせると、
味に深みが生まれます。想像力が
掻き立てられワクワクが止まらない！
「うまっ！」連発の絶品めしを揃えました。
普段のレシピにマンネリ気味の方にも
ぴったりです。

It's Amazing!!!!!

異色コラボが実現

驚き うまレシピ

Part.2

Part.2

「驚きうまレシピ」の目標

「料理を楽しもう」

1 「ありえない組み合わせ」で食材の可能性を引き出せ！

豚バラ肉をコーラで煮込む……。「うげ、マズそう」と思ったあなたは、思考停止してしまっているかも。コーラで煮込むと、炭酸によって肉がやわらかくなり、コーラに含まれるシナモンやクローブといった香辛料の力で高級感のある味わいが生まれます。

まだ知られていないだけで、お互いの可能性を引き出す食材は無限にあるのです。

2 新たな発見は、身近な食材から

「まだ知られていない組み合わせ」なんて言うと、難しい食材や調味料を使いそうですが、そんなことはありません。コンビニやミニスーパーで買える食材で十分。「イノベーティブな組み合わせ」は奇をてらったものではなく、「身近な存在」に潜んでいます。

3 調味料や香辛料はシンプル・イズ・ベスト

マイナーな調味料や香辛料はいりません。食材を上手に組み合わせることができたら、余計な香辛料は雑味になるだけ。P10でご紹介したマスト調味料で十分です。

火使わず
洗い物減
ヘルシー

秒速まぐろユッケ

コレだけ用意!

卵　焼肉のたれ　まぐろ

材料（2人分）

まぐろ（刺身用）…180g
焼肉のたれ…大さじ2と½

Ⓐ
- しょうゆ…大さじ1
- ごま油…小さじ2
- チューブにんにく…2㎝
- 白いりごま…小さじ1

卵黄…1個分
白いりごま（仕上げ用）…1つまみ

ビールもご飯も進む濃厚ユッケ爆誕!

❶ まぐろは5㎜幅の細切りにする。

❷ ボウルに焼肉のたれ、Ⓐを混ぜ合わせ、❶を加えてあえる。

❸ 器に❷を盛り、卵黄をのせ、ごまを振る。

! 調味料をよく混ぜ合わせてから、まぐろを加えよう。

まさかの
「焼肉のたれ」!
ざっくりと
あえる
卵黄を
オン
とろり

よ～く混ぜて
召し上がれ!
完成!
調理時間
8分

一晩寝かせて"うまみUP"
高タンパク料理

サーモンとチーズのめんつゆ漬け

火使わず　洗い物減　ヘルシー　作り置きOK

コレだけ用意!

サーモン

モッツァレラチーズ

材料（2人分）

モッツァレラチーズ（一口サイズ）…90g
サーモン（刺身用）…120g
めんつゆ（3倍濃縮）…50mℓ
水…100mℓ

1. サーモンは2～3cm角に切る。チーズは水けをきる。
2. 保存容器に❶を入れ、めんつゆ、分量の水を加え、8時間以上おく。

! チーズは一口サイズの丸いタイプなら、切らずに使えて便利。

火使わず

ヘルシー

アボカド塩昆布

アボカドのうまみが引き立つコンビ!

材料（2人分）

アボカド…1個
塩昆布…9g（約大さじ2）
Ⓐ ごま油…大さじ1
レモン汁（または酢）…小さじ½
白いりごま…小さじ2

❶ アボカドは種と皮をとり除き、2〜3cm角に切る。

❷ ボウルに塩昆布とⒶを入れて混ぜ、❶を加えてあえる。

! アボカドはくずれやすいので、スプーンなどで混ぜるのがおすすめ。

シャレオツなのに超簡単な罪レシピ

生ハムプリッツ

火使わず　包丁不要　洗い物減

コレだけ用意!

生ハム

プリッツ

材料（2人分）

プリッツ…24本
生ハム…8枚
オリーブオイル…大さじ1と½
粗びき黒こしょう…1振り

1. プリッツ3本を束にし、生ハム1枚で巻く。同様に計8本作る。
2. 器に並べ、オリーブオイル、粗びき黒こしょうを振る。

！ 本来はグリッシーニ（イタリアのスティックパン）を使うところをお菓子で代用！

にらとさけるチーズのナムル

火使わず

洗い物減

ヘルシー

作り置きOK

材料（2人分）

さけるチーズ…2本
にら…1束(100g)
🅐 ごま油…大さじ2
チューブにんにく…3㎝
塩…小さじ¼
卵黄…1個分
白いりごま…1つまみ

にらがワシワシ進み、楽しい食感!

❶ チーズを手で細く裂く。

❷ にらは4～5㎝長さに切って耐熱ボウルに入れ、ラップをかけて電子レンジで1分30秒加熱する。

❸ ❷に🅐、❶を加え、あえる。器に盛り、卵黄をのせ、ごまを振る。

! にらは、洗ったときの水けを残したまま加熱するとよい。

Column

まるで瞑想？

料理は「アート思考」を鍛える

料理を通して最も鍛えられる力が「発想力」です。誰かの書いたレシピ通りに作れば、料理の腕前はどんどん上がります。慣れてくると、レシピを見なくても自分なりにアレンジを加えて作れるようになります。

これはアート的な思考とよく似ていて、優れた画家が、偉大な先人の絵を何枚も模写したうえで、自分なりの作品を生み出すプロセスと同じです（程度の差はありますが）。

既存のアイディアを吸収したうえで、自分のオリジナリティを加える。さらに、**「顧客目線」**を意識すると、料理のステージがもう一段上がります。

どれだけ優れたアイディアも、相手が喜ばなければ意味がありません。クライアントが求める形に応じて提案書を変えるように、料理も食べる相手に合わせて創意工夫する力が必要です。

親に料理をふるまうなら、塩分を控えめに。仕事が忙しいパートナーを元気づけるために、彩りのきれいな料理にする。相手のために味つけや見た目をチューニングする力は、料理を続けることで自然に身につきます。

ゾーンに入ると、アイディアが浮かぶ

料理を長く続けていると、職人さんのように、無意識に手が動く瞬間があります。いわば、**「ゾーン（集中状態）」**に入りやすくなるということ。こうなればしめたもので、料理に関係なく、新しいアイディアを発想するためのメンタリティを維持できるようになるのです。

頭がクリアになり、にんじんを切りながら「あの調味料を加えたらイケるかも！」とひらめくことも。大袈裟《おおげさ》に言えば、料理は「瞑想《めいそう》」に近いかもしれませんね。

ブルーベリージャムのチキンソテー

パリパリチキンとベリーソースが、がっちり握手!

ブルーベリージャム　玉ねぎ　鶏もも肉

材料（作りやすい分量）

鶏もも肉…小2枚（400〜450g）
玉ねぎ…¼個
サラダ油…小さじ2
ブルーベリージャム…大さじ3
バター…20g
Ⓐ 塩、粗びき黒こしょう…各1つまみ
Ⓑ しょうゆ…大さじ1と½
　こしょう…2振り

❶ 玉ねぎはみじん切りにする。鶏肉はⒶを振る。

❷ フライパンにサラダ油を引き、鶏肉の皮目を下にして入れ、アルミホイル、水（約500㎖・分量外）を入れた鍋を順にのせ、中火で約9分焼く。鶏肉を返し、（鍋、アルミホイルなしで）約3分焼いて火を止め、2分ほどおいて休ませたら、器に盛る。

❸ ❷のフライパンにバターを入れて弱火で溶かし、玉ねぎを炒める。玉ねぎが透き通ってきたらブルーベリージャムとⒷを加え、軽くとろみがつくまで中火で煮詰め、❷にかける。

ジャムでコクと
酸味をプラス
皮目カリッ！
返したら、
鍋なし
押し焼きが
ポイント
ジュウジュウ

完成！
甘みと酸味のある
濃厚ソースは、
肉と相性ばっちり
調理時間
18分

ワインが欲しくなる"シャレオツまみ"

ぶどうとモッツァレラチーズのオリーブオイルあえ

火使わず　洗い物減　作り置きOK

コレだけ用意!

モッツァレラチーズ

ぶどう

材料（2人分）

ぶどう（マスカット）…100g
モッツァレラチーズ（一口サイズ）…90g

Ⓐ
- オリーブオイル…大さじ1
- レモン汁…小さじ1
- 塩…2つまみ
- 粗びき黒こしょう…1振り

❶ ぶどう、チーズはそれぞれ半分に切る。

❷ ボウルにⒶを入れて混ぜ、❶を加えてあえる。

！ マスカット以外でも代用可。大粒の種ナシがおすすめ。

ヘルシー

ギョーザの皮と豚しゃぶのサラダ

ひらひらもちもちのギョーザの皮がミソ

材料（2人分）

プリーツレタス（好みのものでOK）
　大きめの葉…2枚
ギョーザの皮…12枚
豚バラ薄切り肉（しゃぶしゃぶ用など）
　…150g
長ねぎ…5㎝
Ⓐ｜ポン酢しょうゆ…大さじ2
　｜ごま油…大さじ1

1. 長ねぎはみじん切りにしてボウルに入れ、Ⓐを加えて混ぜ、たれを作る。レタスを食べやすい大きさにちぎり、器に敷く。
2. 鍋に湯を沸かし、弱火にして豚肉をゆで、色が変わったらざるに上げ、レタスにのせる。
3. ❷の湯でギョーザの皮を1枚ずつ20〜30秒ゆで、水けを軽くきって❷にのせ、たれをかける。

作り置きOK

牛肉のやわらかビール煮込み

コレだけ用意！

決め手！

ビール

玉ねぎ

牛カレー用肉

材料（3〜4人分）

牛カレー用肉…500g
玉ねぎ…1個　ビール…1缶（500mℓ）
薄力粉…大さじ2　バター…10g

Ⓐ
- 顆粒コンソメ…小さじ2と½
- 砂糖…小さじ1
- 塩、こしょう…各少々

❶ 玉ねぎはくし形切りにする。牛肉は薄力粉をまぶす。

❷ フライパンにバターを溶かし、❶を中火で炒める。

❸ 玉ねぎがしんなりしたらビール、Ⓐを加える。煮立ってきたら、蓋をして弱火で約40分煮る。

！ ビールには肉をやわらかくする働きあり。

みそホワイトシチュー

材料（2人分）

豚肩ロース薄切り肉…100g
にんじん…½本
玉ねぎ…1と½個
バター…10g
水…300mℓ
みそ…大さじ1
ホワイトシチューのルウ（4つ割りタイプ）…2かけ
牛乳…200mℓ

コクと深みが織りなすデリシャスシチュー

1. 豚肉を食べやすい大きさに切る。にんじんは縦半分に切って斜め薄切り、玉ねぎは薄切りにする。
2. フライパンにバターを溶かし、玉ねぎを中火で炒め、しんなりとしたら豚肉を加えて炒める。色が変わったらにんじんを加えて炒める。
3. 全体に油が回ったら分量の水を入れ、蓋をして約8分弱火で煮る。
4. 具材に火が通ったら、みそ、ルウを加えて煮溶かし、牛乳を加えてさらに約5分煮る。

コレだけ用意！

納豆

長ねぎ

麻婆豆腐の素

絹ごし豆腐

ヘルシー

納豆麻婆豆腐

偏見を捨てろ！豆板醤を使わず本格麻婆

材料（2人分）

絹ごし豆腐…1丁（300g）
納豆…1パック
しょうが…1かけ
長ねぎ…¼本
麻婆豆腐の素（市販）…1回分（3～4食分）
ごま油…小さじ2

1. 豆腐は1.5cm角に切る。しょうが、長ねぎはみじん切りにする。
2. フライパンにごま油を熱し、しょうが、長ねぎを入れて弱火で炒める。香りが出たら麻婆豆腐の素を加え、フツフツしたら豆腐を加える。
3. 豆腐が温まったら、納豆を軽く混ぜて加え、ざっと炒め合わせる。

作り置きOK

感動のコーラ角煮

とろとろ豚肉に疲れも吹っ飛ぶ！

材料（3～4人分）

豚バラブロック肉…400g
長ねぎ…⅓本
Ⓐ コーラ…150mℓ
Ⓐ しょうゆ、みりん、水…各40mℓ
チューブしょうが…5cm

1. 長ねぎは2cm幅の斜め切り、豚肉は2cm幅に切る。
2. 鍋にⒶ、豚肉を入れ、蓋をして中火で20分煮る。
3. 長ねぎを加え、3～4分煮て火を止め、チューブしょうがを加えて軽く混ぜる。

！ しょうがは仕上げに加えると、香りが立っておいしくなる。

ゴロゴロなすが決め手！

「ムサカ風ラザニア」

なすラザニア

火使わず

コレだけ用意！

牛乳　なす
ピザ用チーズ　ホワイトソース　ミートソース

材料（3～4人分）

なす…2本
ホワイトソース（市販）…200g
ミートソース（市販）…200g
牛乳…100㎖
こしょう…1振り
ピザ用チーズ…80g

❶ 耐熱容器にホワイトソース、牛乳、こしょうを入れて混ぜ、ラップをかけずに電子レンジで1分30秒加熱。

❷ なすは縦に5㎜幅に切り、別の耐熱容器に並べ、ラップをかけて電子レンジで3分加熱する。

❸ グラタン皿に❶の⅓量、❷の½量、ミートソースの½量を順に重ねる。これを繰り返し、一番上にホワイトソースをかける。チーズを散らして、オーブントースターで15分焼く。

コレだけ用意!

青じそレモン焼きそば

さっぱり・爽快! 焼きそばの新定番

材料（2人分）

焼きそば麺…2玉　青じそ…20枚
レモン（国産）…1個
Ⓐ
- 鶏ガラスープの素…大さじ1
- こしょう…2振り
- ごま油…大さじ1

ごま油…小さじ1　酒…大さじ2

1. 青じそはみじん切りにする。レモンは4〜5枚薄切りにし、残りは搾る。
2. ボウルに❶のレモン汁、青じそ、Ⓐを入れ、よく混ぜ合わせる。
3. 焼きそば麺はラップで包み、電子レンジで1分加熱後、もみほぐす。
4. フライパンにごま油を熱し、❸を入れる。酒を振りかけて中火で炒め、❷を加えてよく炒め合わせる。器に盛り、レモンの薄切りをのせる。

調味料の特性を知る

と、料理が10倍面白くなる！

わざわざ希少な調味料を買わなくても、常備調味料を
組み合わせるだけで、「うまっ！」な味が作れます。
このパターンさえ覚えておけば、いろいろな料理に応用できます。

1：1で混ぜると「オーロラソース」に

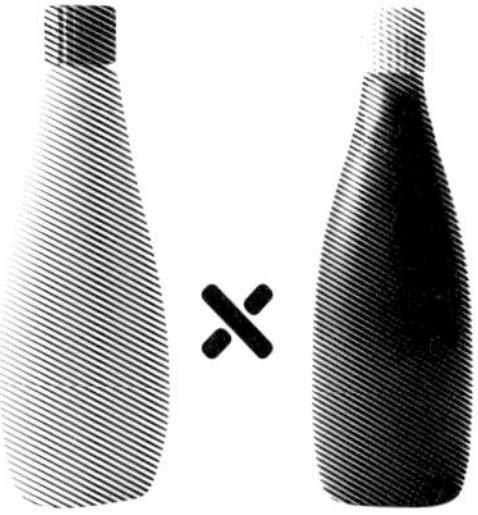

マヨネーズ　ケチャップ

トマトのうまみが凝縮されたケチャップに、卵の深いコクが詰まったマヨネーズ。本来なら手間ひまかけないと食材から引き出せない「うまみ」を、手軽に取り入れることができる組み合わせです。揚げ物のソースにぴったりです。

しょっぱさと甘さが織りなすクセになる味！

しょうゆ（塩）　砂糖

「シュークレ・サレ」という言葉を聞いたことがあるでしょうか？　フランス語で「サレ」は塩で、「シュークレ」は砂糖の意味。「甘じょっぱい」くらいの意味です。日本だと甘辛いみたらしのたれや、砂糖の入った煮物などがこれにあたります。

バル風おつまみなどで見かける鉄板の組み合わせ

オリーブオイル

はちみつ

粗びき黒こしょう

オリーブオイルの青みがかった香りと、こしょうの香りはお互いを引き立て合い、どんな食材も心地よいフレーバーにしてくれます。はちみつの甘みは料理全体の味を底上げしてくれます。

意外なほどに相性抜群！

どちらもマイルドな味わいで、「うまみ（グルタミン酸）」の相乗効果が期待できます。たとえば、クリームシチューにみそを加えると、味に奥行きが生まれます。

みそ

乳製品

味覚をとりこにする黄金コンビ

めんつゆ

バター

糖と塩に「うまみ」が加わった絶妙なバランスのめんつゆに、バターの香りと脂をのせれば、マズくなりようがない「ズルい」取り合わせに。うどんやパスタにあえてもグッド！

パラパラ！マヨチャーハン

コレだけ用意！

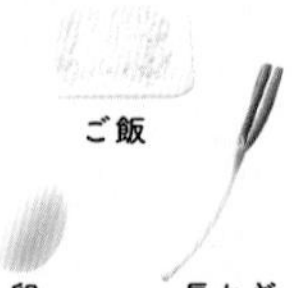
ご飯
卵
長ねぎ

調理時間
8分

材料（2人分）

温かいご飯…茶碗2杯
（冷やご飯はレンジで温める）
長ねぎ…½本
卵…2個
マヨネーズ…大さじ5
塩…2つまみ
こしょう…少々

1. 長ねぎはみじん切りにし、卵は溶きほぐす。
2. フライパンにマヨネーズを熱し、溶けてきたら長ねぎを入れて軽く色づくまで強火で炒める。
3. 溶き卵を加えて混ぜながら火を通し、半熟状になったらご飯を加えて炒め合わせ、塩、こしょうで調味する。

調理時間
12分

コレだけ用意!
決め手!
白菜の浅漬け
ご飯
ツナ水煮缶
しめじ

ヘルシー

ツナ缶中華丼

漬け物の酸味とザクザク感が絶妙なアクセントに!

材料（2人分）

温かいご飯…茶碗2杯
白菜の浅漬け…120g
ツナ水煮缶…1缶（70g）
しめじ…1パック
酒…大さじ1

Ⓐ
- 鶏ガラスープの素、片栗粉…各小さじ2
- チューブしょうが…5cm
- 水…150mℓ

ごま油（炒め用）…小さじ2
ごま油（仕上げ用）…小さじ1

❶ しめじは石づきを落とし、ほぐす。白菜の浅漬けは水けをきり、食べやすい大きさに切る。Ⓐは混ぜ合わせる。

❷ フライパンにごま油を熱し、しめじを入れて強火で炒める。色づいてきたら白菜の浅漬け、ツナ缶（汁ごと）、酒を加えて炒める。全体になじんだら、Ⓐを加え、とろみをつける。

❸ 器にご飯を盛り、❷をかけ、ごま油を回しかける。

塩昆布よ、またやってくれたな

火使わず

絶品!ベー昆ピラフ

コレだけ用意!

決め手!

米

塩昆布　ハーフベーコン

調理時間
9分
炊飯時間は除く

材料（3～4人分）

米…2合（360㎖）

ハーフベーコン…10枚

Ⓐ
- 塩昆布…大さじ4（18g）
- バター…20g
- 酒…小さじ2

1. 米は洗い、水けをきる。ベーコンは5㎜幅に切る。
2. 炊飯器に米、ベーコン、Ⓐを入れ、水を2合の目盛りまで入れ、炊飯する。

！ ベーコンがない場合は、ソーセージでも代用可。

洗い物減

春巻きの皮チョコバナナ

調理時間
10分

コレだけ用意!
バナナ
meiji
板チョコレート
春巻きの皮

パリパリがたまらない"ズボラクレープ"

材料（2人分）

春巻きの皮…2枚
バナナ…1本
板チョコレート…1枚
サラダ油…大さじ2

❶ バナナは斜め薄切りにし、チョコレートは1ブロックごとに割る。

❷ 春巻きの皮を菱形に広げ、中央より少し手前に❶の半量を並べ、手前、左右の皮を内側に折り、くるりと巻いて包む。計2個作る。

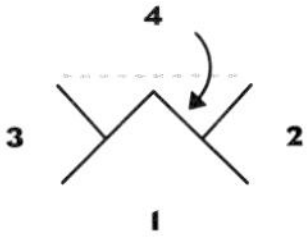
4
3
2
1

❸ フライパンに油を熱し、❷の巻き終わりを下にして並べ、蓋をして弱めの中火で約3分焼く。返してさらに2分、こんがりと色づくまで焼く。

日本酒にばっちり合う“シン珍味”

さきいかのヨーグルト漬け

火使わず　包丁不要　洗い物減　ヘルシー

コレだけ用意！

ブルガリア

ヨーグルト　ソフトさきいか

調理時間
3分
漬け込み時間は除く

材料（2人分）

ソフトさきいか…40g

Ⓐ
- ヨーグルト…大さじ5
- チューブしょうが…2cm
- めんつゆ（3倍濃縮）…小さじ1
- こしょう…2振り

1. ボウルにⒶを入れて混ぜ、さきいかを加え、15分以上漬ける。

！ヨーグルトは無糖のものを使ってみて！

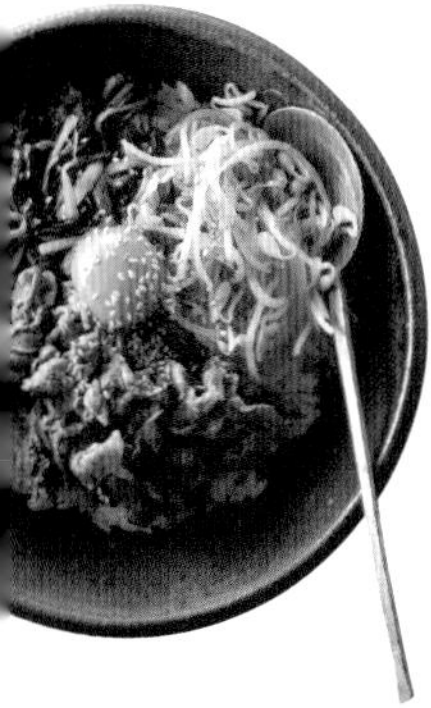

毎日食べる普段メシに
時間をかけてはいけません。
電子レンジをフルに使って、
簡単に作れる本格うまレシピを公開。
20分もあれば洗い物まで
終わっちゃいます。
ぼーっとしてたら、時間がもったいない。
早速料理にとりかかりましょう。

Cook Hack!

神・時短！ レンチンうまレシピ

Part 3

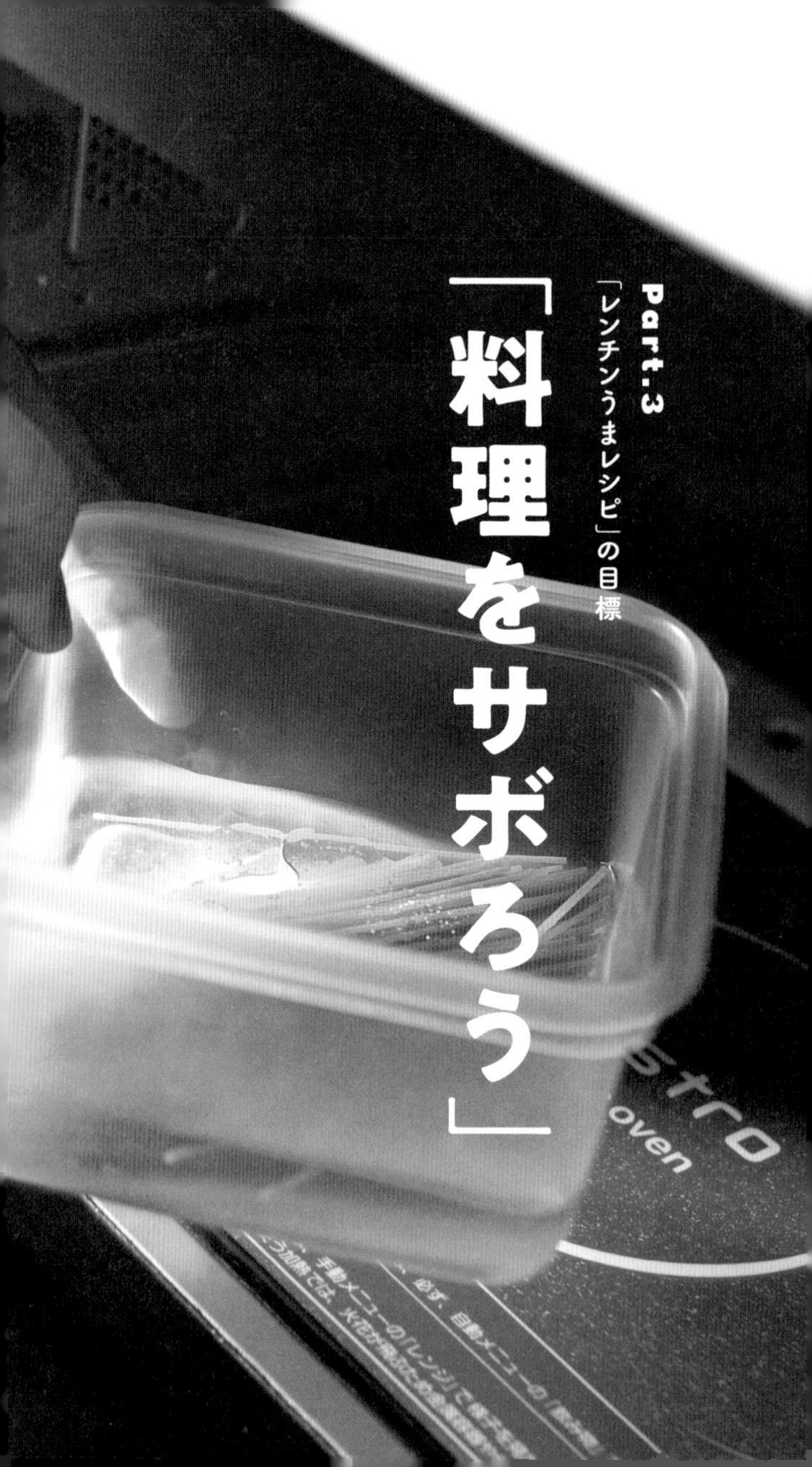

Part.3

「レンチンうまレシピ」の目標

「料理をサボろう」

1　レンジは時短料理の「救世主」だ！

　電子レンジを「お弁当や残り物を温める道具」くらいにしか思っていない人がいたら、とても損をしています。コンロでせわしなく料理を作っても、できるのはせいぜい2品ほど。しかしレンジを活用すれば、「ほったらかし」でもう1品作れちゃう。レンジはズボラ料理にとっての「救世主」なのです。

2　レンジ加熱を待つ時間も、手を動かせ！

　電子レンジに材料を入れたら、あとは時間を設定して待つだけ。その間に、できることを済ませてしまいましょう。洗い物をするもよし、ほかの家事を片づけるもよし、もう1品作るもよしです。

3　1台で主食が完成する「驚異の底力」

　レンジではちょっとした副菜はもちろん、肉や魚などの主菜から、麺やお米などの主食まで作れます。パスタは普通に作ると、ゆでるためのお湯と、ソースを作るためのフライパンでコンロが2口埋まってしまいますが、本章で紹介するレンジパスタは、容器1つ、レンジ1台で完成です。

火使わず　包丁不要　ヘルシー　作り置きOK

鶏むねチャーシュー

余熱ワザで驚くほどしっとりジューシーに

コレだけ用意!

鶏むね肉

材料（2人分）

鶏むね肉…1枚（250〜300g）

Ⓐ
- しょうゆ、みりん…各大さじ2
- チューブしょうが、チューブにんにく…各4cm

万能ねぎ（あれば）…適量

❶ 鶏肉の皮目にフォークなどで10か所ほど穴を開ける。

❷ 耐熱ボウルに❶を入れ、Ⓐを加えてもみ込む。

❸ ❷にラップをかけて電子レンジで2分加熱し、返して再度2分加熱する。そのまま3分おいて余熱で火を通す。器に盛り、万能ねぎを3〜4cmにちぎって添える。

！ 中が生の場合は、切り分けてからさらに1分加熱しよう。

ラップをかけてチン!
一度返し、再びチン!
よ〜くもみ込んで……
ブスブス!
味がしみるぞ
完成!
鶏むね肉は、加熱後3分ほど待って余熱を入れてから切ると、しっとり!
調理時間
8分

火使わず　洗い物減　ヘルシー

速攻！チンジャオロースー

コレだけ用意！

ピーマン

牛肩ロース
薄切り肉

材料（2人分）

牛肩ロース薄切り肉…150g
ピーマン…4個
片栗粉…小さじ1
Ⓐ しょうゆ…大さじ1と½
　酒…大さじ1
　砂糖…小さじ2
　鶏ガラスープの素…小さじ1と½
ごま油…小さじ2
チューブにんにく…3cm

ご飯おかわり必至の甘辛味

❶ ピーマンはヘタと種をとって細切りにし、耐熱皿に入れる。

❷ 牛肉に片栗粉をまぶして❶の上に広げ、ラップをかけて電子レンジで2分30秒加熱する。

❸ ❷にⒶを加えて混ぜ、再びラップをかけて電子レンジで2分加熱する。ごま油、チューブにんにくをかけて混ぜる。

！ 牛肉に片栗粉をからめておくと、うまみが逃げず、いい感じのとろみに。

牛肉は
ピーマンの上!
グルグル
レンチン後、
味をつけて
再びチン!
仕上げの
にんにく!
フワ~
完成!
10分

火使わず　洗い物減　ヘルシー

えのき豚バラのうま塩蒸し

鍋はめんどいけど、野菜は食べたいワガママ野郎に◎

コレだけ用意！

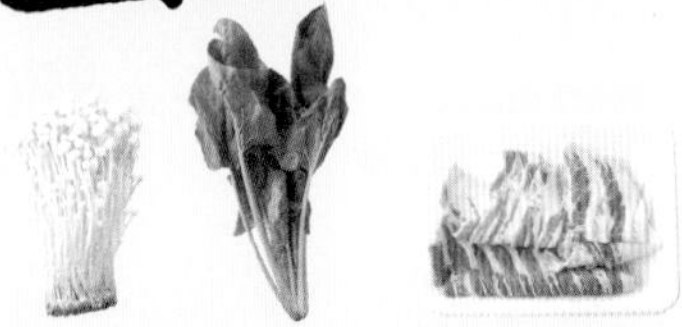

えのき　ほうれん草　豚バラ薄切り肉

材料（2人分）

豚バラ薄切り肉…150g
ほうれん草…3株
えのき…1袋

Ⓐ
- 酒…大さじ1
- 鶏ガラスープの素…小さじ1と½
- 塩…小さじ¼

❶ えのきは根元を落とす。

❷ 耐熱ボウルに❶を入れ、キッチンバサミでほうれん草を5㎝の長さに切りながらのせ、その上に豚肉を広げる。

❸ Ⓐを混ぜて回しかけ、ラップをかけて電子レンジで5分加熱する。

！ ほうれん草は小松菜や水菜に置き換えてもＯＫ！

えのきの上に
ほうれん草
最上段に
豚肉！
味つけしたら
ラップを
かけて
チン！
好みでポン酢を
かけてもうまいゾ～
完成！
調理時間
10分

火使わず

包丁不要

ふわとろ～チーズ入りオムレツ

不器用でも絶対に失敗しません

コレだけ用意！

ピザ用チーズ

卵

材料（2人分）

卵…2個

Ⓐ
- ピザ用チーズ…大さじ山盛り3
- 牛乳…大さじ2
- 塩…2つまみ

ケチャップ（好みで）…適量

❶ ボウルに卵、Ⓐを入れ、よく混ぜ合わせる。

❷ 耐熱ボウルにラップを少しくぼみができるように張り、その上に❶を入れ、電子レンジで50秒加熱。とり出してラップを破らないように混ぜ、再び電子レンジで1分10秒加熱する。

❸ ラップで卵をキャンディ状に包み、器にのせて3分ほどおいて形を整える。ラップをはずし、好みでケチャップをかける。

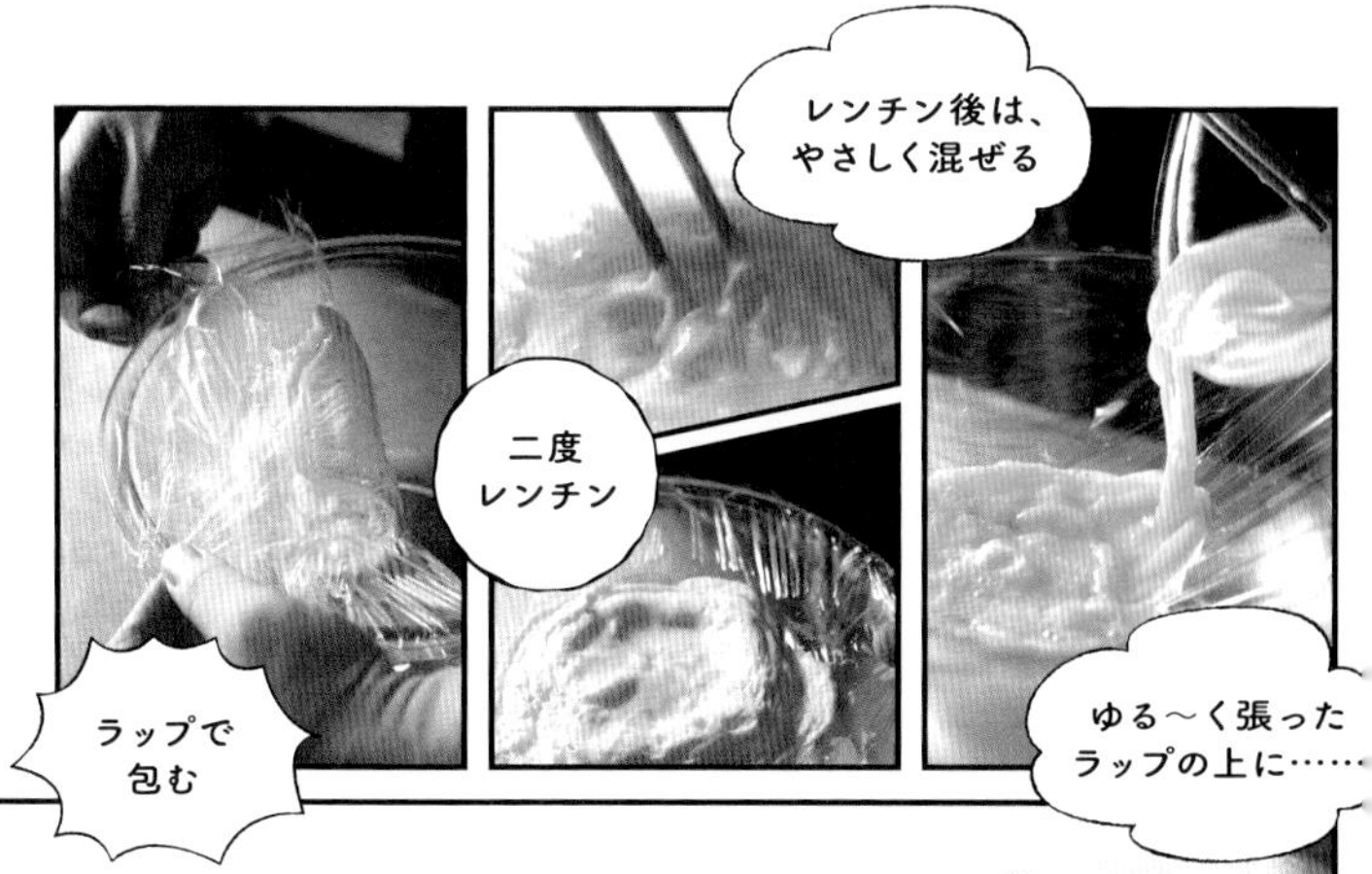
ラップで包む
二度レンチン
レンチン後は、やさしく混ぜる
ゆる〜く張ったラップの上に……

完成！
ふわとろっ!!
調理時間
10分

火使わず　洗い物減　ヘルシー　作り置きOK

超簡単！なすの煮びたし

コレだけ用意！

なす

材料（2人分）

なす…2本

ごま油…小さじ2

Ⓐ
- めんつゆ（3倍濃縮）…大さじ3
- 水…90mℓ

チューブしょうが…5cm

ごま油としょうがの香りが効いた本格和食

❶ なすは乱切りにする。

❷ 耐熱皿に❶を入れ、ごま油を回しかけ、ラップをかけて電子レンジで4分加熱する。

❸ Ⓐを加えて軽く混ぜ、再びラップをかけて電子レンジで1分加熱する。チューブしょうがを加えて混ぜる。

！ チューブしょうがは、風味が飛びやすいので最後に入れよう。

ごま油をかけて……
めんつゆをかけて……
チン！
チン！
仕上げにしょうが！
調理時間
7分
完成！

Column

これぞ生活の智恵!

知っていると得する「買い物のコツ」

料理を始めると、定期的にスーパーで食材を買うようになります。ちょっとしたコツを意識するだけで効率よく買い物ができ、さらに「段取り力」「コスト意識」まで身につきます。

1 精肉・鮮魚売り場から回れば、コストが抑えられる

スーパーで値引き対象になりやすいのが肉と魚。少しでも安くあげるには、特売の肉や魚を買ってから、レシピに必要な野菜や調味料を買い足していく方法がおすすめです。

2 冷蔵庫の中身を把握しておくと、段取り上手に

冷蔵庫の中身は、買い物の前になんとなく頭に入れておくこと。心配な人は、スマホカメラで写真を撮ってから買い物

に出かけましょう。ムダ買いを防げますし、「牛肉が少し余っていたから、今日は野菜だけを買い足そう」という計画（段取り）が立てやすくなります。

❸ 食材からレシピを逆算して、効率を上げる

料理に慣れてくると、代用可能な食材や、引き算・足し算できる食材がわかってきます。すると、レシピに書いてある通りに食材を買いに行くのではなく、「家にある食材＋特売の食材」の組み合わせから完成品を逆算できるようになります。

ムダな食材を買うこともなくなり、お金も節約できます（P158の「余りもの逆引き一覧」をぜひ活用してみてください）。

火使わず

ヘルシー

極うまビビンバ

野菜も肉もレンジまかせ！満足度MAXのズボラめし

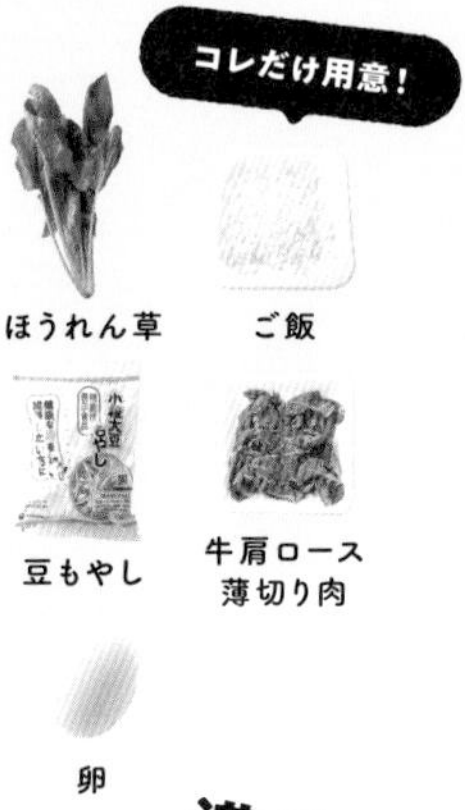

材料（2人分）

温かいご飯…茶碗2杯
ほうれん草…3株
豆もやし…½袋
牛肩ロース薄切り肉…180g

🅐
- ごま油…大さじ1と½
- 白いりごま、鶏ガラスープの素…各小さじ1
- 砂糖…小さじ½
- チューブにんにく…3cm

🅑
- しょうゆ…大さじ1
- 砂糖…小さじ1

卵黄…1個分
白いりごま、ごま油…各適量

❶ ボウルに🅐を入れ、混ぜ合わせる。

❷ ほうれん草は根元を落としてラップで包み、電子レンジで2分加熱。流水で洗って3〜4cm幅に切り、❶の半量を混ぜる。耐熱ボウルに豆もやしを入れ、ラップをかけて電子レンジで1分加熱し、❶の残りを混ぜる。

❸ 別の耐熱ボウルに牛肉を入れ、🅑を加えて混ぜ、ラップをかけて電子レンジで3分加熱する。

❹ 器にご飯を盛り、❷、❸、卵黄をのせ、白いりごま、ごま油をかける。

ほうれん草は
レンチン後に
味つけ
もやしも
レンチン後に
味つけ
混ぜ
混ぜ
牛肉は味を
つけてチン!
卵黄をオン!
よ～く混ぜて
食べよう
完成!
調理時間
15分

火使わず　包丁不要　洗い物減

ほったらかしペペロンチーノ

コレだけ用意！

スパゲティ

材料（1人分）

スパゲティ（1.7㎜）…100g

Ⓐ
- 水…250㎖
- オリーブオイル…大さじ1
- 和風顆粒だし…小さじ1
- 塩…少々

チューブにんにく…2㎝

一味唐辛子…1振り

包丁いらず、レンジゆで。究極のラクパスタ！

❶ スパゲティは半分に折り、耐熱容器に入れる。Ⓐを加え、ラップをかけずに電子レンジで袋のゆで時間＋3分加熱する。

❷ ❶をとり出し、チューブにんにくを加えて混ぜて器に盛り、一味唐辛子を振る。

！ 唐辛子を一味で再現。苦手なら抜いてもOK。

パスタもレンジで！

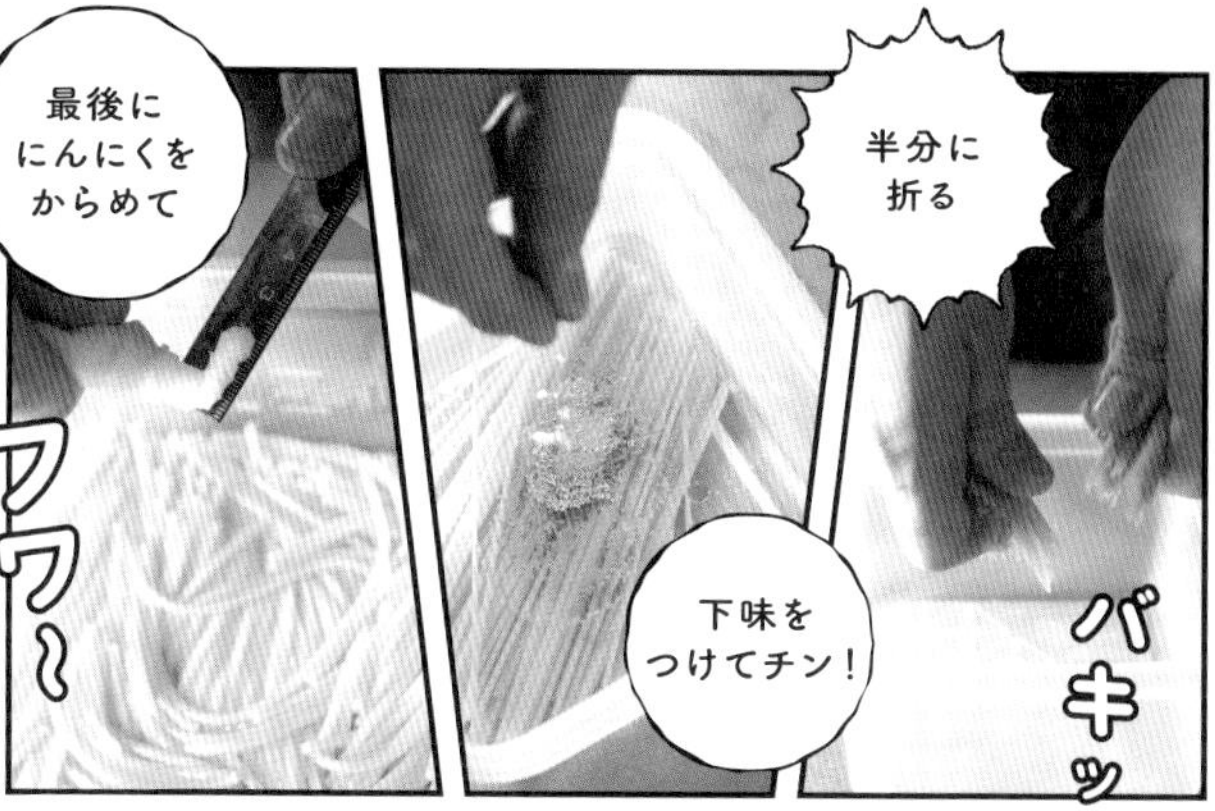

火使わず

包丁不要

たらこカルボナーラ

マヨネーズのコクと風味が隠し味

コレだけ用意！

牛乳

たらこ

スパゲティ

材料（1人分）

スパゲティ（1.7㎜）…100g
たらこ…1腹
牛乳…100㎖

Ⓐ
- バター…10g
- 塩…1つまみ
- 水…220㎖

Ⓑ
- 和風顆粒だし…小さじ½
- しょうゆ、マヨネーズ…各小さじ1

のり、万能ねぎ（好みで）粗びき黒こしょう…各適量

❶ スパゲティは半分に折り、耐熱容器に入れる。Ⓐを加え、ラップをかけずに電子レンジで袋のゆで時間加熱する。たらこは飾り用に少し残し、皮をしごいて中身をとり出す。

❷ ❶に牛乳を加え、再びラップをかけずに電子レンジで4分加熱する。

❸ ❷に❶のたらこ、Ⓑを加えて混ぜる。器に盛り、飾り用のたらこ、ちぎったのり、万能ねぎをのせ、粗びき黒こしょうを振る。

レンジゆで!
牛乳を加え、再びレンチン!
チン!
熱いうちにたらこと味つけ
混ぜ混ぜ

完成!
調理時間
15分

本格トマトリゾット

火使わず　包丁不要　洗い物減　ヘルシー

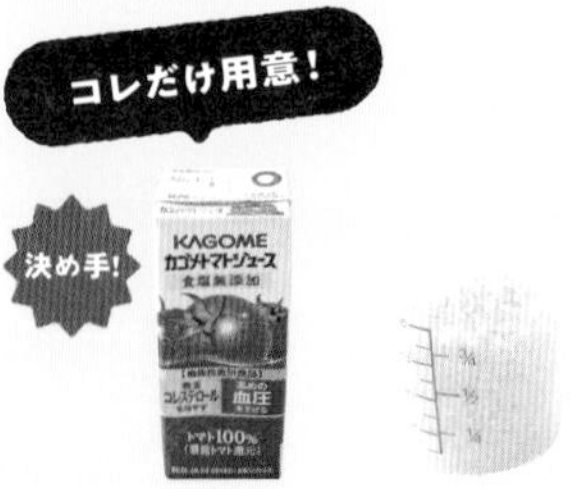

トマトジュース　米

材料（1人分）

米…½合（90mℓ）
オリーブオイル…小さじ2
トマトジュース（無塩）…200mℓ
Ⓐ 顆粒コンソメ…小さじ1
Ⓐ こしょう…1振り
Ⓐ 水…200mℓ
粉チーズ…適量

包丁と火を使わない簡単イタリアン

1. 米は洗い、ざるに上げて水けをきる。
2. ❶を耐熱容器に入れ、オリーブオイル、トマトジュース、Ⓐを順に加えて混ぜる。
3. ラップをかけずに電子レンジで19分加熱。器に盛り、粉チーズを振る。

! 米がかたい場合は、追加で1分ずつ加熱しよう。

洗った米にオイル
タラ〜
トマトジュースなどで味つけ
レンジで19分加熱
チン!
完成!
調理時間
25分

三位一体のうまみが
織りなす無双おかず

火使わず　洗い物減　ヘルシー　作り置きOK

ベーコンとあさりのレンジ蒸し

コレだけ用意！

ハーフベーコン

しめじ

あさり水煮缶

材料（2人分）

ハーフベーコン…4枚
あさり水煮缶…1缶（130g）
しめじ…1パック
酒…小さじ2
バター…10g
粗びき黒こしょう…1振り

❶ しめじは石づきを落とし、ほぐす。

❷ 耐熱皿に❶、ベーコン、あさり水煮缶を汁ごと順に入れる。酒を全体に振り、バターをのせ、ラップをかけて電子レンジで5分加熱。仕上げに粗びき黒こしょうを振る。

「そば屋のカレーうどん」
「居酒屋のハムカツ」……。
想像するだけでヨダレが出る
「あの1品」が、自宅で簡単に作れちゃう！
「おうちごはん」で外食気分を
味わえて、しかもおいしい
一石二鳥の神レシピをご堪能あれ。

Reproduction!

“あの店のあの味”が
ラクに作れる

再現うまレシピ

Part-4

Part.4

「再現うまレシピ」の目標

「料理をマネよう」

1　再現レシピこそ、自炊の醍醐味だ！

「お店で食べたあの味が忘れられない…」と思ったことは、誰しも一度はあるはず。それ、自分で作ってみませんか？

　自分の思い描く味に近づける過程の楽しさや、完成したときの喜びはなにものにも代えがたく、スキルアップを実感することができます。

2　「マネ（模倣）」は、観察力、リサーチ力を鍛える

　お店の味を再現しようと思ったら、手元にある情報だけでは不十分。たとえば、ある店の「神ふわハンバーグ」を作ろうとしたら、味、食感、香り、色だけでなく、肉の種類や具材まで思い出す必要があります。

　ふわふわ感を近づけるために、ネットで検索してもいいでしょう。味の再現は、あなたの観察力とリサーチ力を鍛えてくれます。

3　家ならではのアレンジをとことん楽しめ！

「あのチェーン店の牛丼、肉3倍くらいにしてチーズ山盛りにして食べてみたい！」なんて夢見たことはありませんか？　それができるのが、家で作る再現料理の特権です。好きなだけアレンジやトッピングをして理想（夢）を追求してみてください。

高級ホテルの朝食に出てくる フレンチトースト

奥さんが惚れ直す 圧倒的ふわふわ

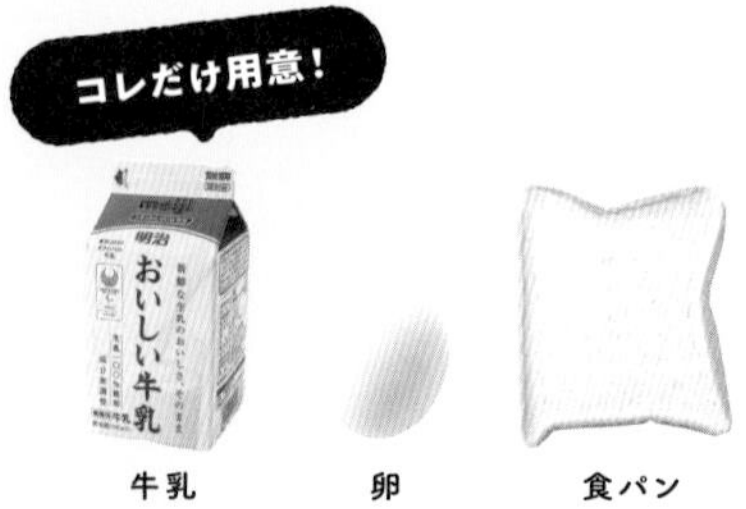

材料（2人分）

食パン（4枚切り）…2枚
卵…2個
牛乳…300mℓ
砂糖…大さじ2
バター…20g
メープルシロップ…適量

❶ 食パンの耳を切り落とし、バットに並べる。

❷ ボウルに卵を入れて溶きほぐし、牛乳、砂糖を加えてさらに混ぜる。卵液をざるなどで漉《こ》しながら❶に加え、30〜40分浸す。

❸ フライパンにバターを溶かして❷を並べ、蓋をして弱火で両面4分ずつ焼く。器に移し、メープルシロップをかける。

！ 食パンは底の深いお皿やバットに入れて卵液に浸すと形がくずれない。

たら~り
食パンに卵液をかける
バターが溶けたらパンを並べて……
ジュウ~
蓋をして焼け!
こんがりしたら返す
完成!
14分
卵液に浸す時間は除く

火使わず

作り置きOK

“あの店”超えの牛丼

ほったらかしで
あの風味が再現できる！

コレだけ用意！

卵　玉ねぎ　牛肩ロース薄切り肉　ご飯

材料（2人分）

温かいご飯…茶碗2杯
牛肩ロース薄切り肉…250g
玉ねぎ…1個
卵…2個
Ⓐ
酒、水…各100㎖
みりん…50㎖
しょうゆ…大さじ2
砂糖…大さじ1
和風顆粒だし…小さじ1
チューブしょうが…5㎝
紅しょうが（あれば）…適量

❶ 玉ねぎは薄切りにする。

❷ 炊飯器の内釜にⒶを入れて混ぜ、❶、牛肉を加え、炊飯する。炊き上がりにチューブしょうがを混ぜる。

❸ 温泉卵を作る（P25参照）。

❹ 丼にご飯を盛り、❷、❸をのせ、紅しょうがを添える。

温玉は
レンジに
任せろ
しょうがは
後入れ
炊飯器に
調味料
……
具を入れて
スイッチオン!
完成!
調理時間
10分
炊飯時間は除く

包丁不要

洗い物減

焼き鳥缶で作る チーズタッカルビ

酸味と甘みが交互に襲う 簡単「韓国メシ」

コレだけ用意！

ピザ用チーズ

キムチ

焼き鳥缶

材料（2人分）

焼き鳥缶（たれ味）… 2缶
キムチ …70g
チューブしょうが … 5㎝
ごま油 … 小さじ2
ピザ用チーズ …80g
万能ねぎ（あれば）… 2本

❶ ボウルに焼き鳥缶をたれごと、キムチ、チューブしょうがを入れ、混ぜる。

❷ フライパンにごま油を熱し、❶を入れて中火で炒める。

❸ ❷が温まったらフライパンの半分ほどに寄せ、空いたスペースにチーズを入れる。蓋をして約2分焼き、小口切りにした万能ねぎをのせる。

焼き鳥とキムチを混ぜる
炒めろ!
チーズを加えて蓋

チーズとキムチは相性抜群!
完成!
調理時間
12分

人気チェーン店の ランチカレー

お財布を気にせず
無限にトッピング！

コレだけ用意！
決め手！
にんじん
玉ねぎ
ご飯
野菜ジュース
卵
ソーセージ
カレールウ

材料（2～3人分）

温かいご飯…茶碗2杯
玉ねぎ…1個
にんじん…½本
にんにく、しょうが…各1かけ
オリーブオイル…大さじ1
Ⓐ 野菜ジュース…400㎖
　酒…大さじ2　中濃ソース…大さじ1
カレールウ（好みのもの）…3かけ
〈トッピング〉
ソーセージ…4本
卵…2個
らっきょう、福神漬け、紅しょうが（好みで）…適量

1 玉ねぎ、にんじん、にんにく、しょうがをみじん切りにする。

2 フライパンにオリーブオイル、にんにく、しょうがを入れ、弱火で炒める。香りが出てきたら玉ねぎを加えて約10分炒め、透き通ってきたらにんじんを加え、さらに炒める。

3 にんじんに油が回ったらⒶを加え、蓋をして中火にかけ、煮立ったら弱火で約8分煮る。カレールウを加えて溶かし、4～5分煮る。

4 器にご飯と共に盛り、炒めたソーセージ、目玉焼きをのせ、らっきょうなどを添える。

野菜を炒める
野菜ジュースを投入！
クツクツ
このくらいまで煮て……
カレールウをイン！
完成！
時間
29分

そば屋のカレーうどん

だしが効いた和風味が食欲をそそる～

コレだけ用意！

長ねぎ

冷凍うどん

天かす

レトルトカレー

材料（2人分）

冷凍うどん…2袋
レトルトカレー…2袋
長ねぎ…15cm
Ⓐ 削り節…小3袋（7.5g）
　めんつゆ（3倍濃縮）…大さじ1と½
　水…90mℓ（大さじ6）
天かす…大さじ5

❶ 長ねぎは2～3mm幅の斜め切りにする。

❷ 鍋にレトルトカレー、Ⓐを入れて中火にかけ、煮立たせないように温める。

❸ フライパンや鍋に湯を沸かし、冷凍うどんをゆでる。水けをきって器に入れ、❷をかけ、天かす、❶をのせる。

！ 電子レンジ解凍対応の冷凍うどんを使用すると、より簡単に作れるゾ。

冷凍うどんは熱湯へ
レトルトカレー＋削り節＋めんつゆ
天かすオン!
完成!
調理時間
12分

有名鳥料理屋の 親子丼

砂肝、レバー…食感にリズムが生まれておいしい！

コレだけ用意！

ご飯

卵

長ねぎ

砂肝

鶏もも肉

鶏レバー

材料（2人分）

温かいご飯…茶碗2杯
鶏もも肉…150g
砂肝…50g
鶏レバー…50g
長ねぎ…½本
卵…3個
Ⓐ めんつゆ（3倍濃縮）、酒…各大さじ3
Ⓐ みりん…大さじ1
片栗粉…小さじ1

❶ 長ねぎは5㎜幅の斜め切りにする。鶏肉は一口大、砂肝は繊維を断つように細切り、レバーは砂肝と同じくらいの大きさに切る。

❷ フライパンにⒶを入れて中火にかけ、フツフツと煮立ってきたら長ねぎを入れ、上に❶の肉類をのせ、蓋をして弱めの中火で煮る。

❸ 肉に火が通ったら倍量の水（分量外）で溶いた片栗粉を加えてとろみをつける。中火にして溶きほぐした卵を加え、10秒したら蓋をして火を止め、1分蒸らす。丼に盛ったご飯にのせる。

煮汁を煮立て……
クツクツ
もも肉、砂肝、レバーを投入！
とろみづけ
卵を入れて、内側に寄せる
ふっくらと煮えた肉に、甘辛の煮汁と卵をふんわりとまとわせる！う〜ん極楽☆
完成！
調理時間
10分

火使わず

洗い物減

喫茶店の名物 ナポリタン

コレだけ用意！

ピーマン

ソーセージ

スパゲティ

材料（1人分）

スパゲティ（1.7㎜）…100g

ソーセージ…2本

ピーマン…1個

Ⓐ
- オリーブオイル…小さじ2
- 顆粒コンソメ…小さじ1
- 塩、こしょう…各少々
- 水…240㎖

Ⓑ
- ケチャップ…大さじ3
- バター…10g
- 砂糖…1つまみ

粉チーズ…適量

❶ ピーマンはヘタと種をとって縦に細切り、ソーセージは斜めに切る。

❷ スパゲティは半分に折り、耐熱容器に入れる。Ⓐを加え、ラップをかけずに電子レンジで袋のゆで時間＋2分加熱する。

❸ ❷をよく混ぜ、❶を加え、ラップをかけずに、電子レンジで3分加熱。Ⓑを加えて混ぜたら器に盛り、粉チーズを振る。

パスタもレンジで！
加熱後、よく混ぜろ！
具を入れて、再びレンジチン
チン！
ケチャップ、バター、砂糖を混ぜる！
PERTTELIN OSUUSKAUPPA
レンジだからこそ出せる、このもっちり感！
完成！
調理時間
15

Column

料理雑誌、漫画はこれを読め！

料理が楽しくなってくると、「もっとうまくなりたい！」と、つい専門的な料理本を買ってしまう。とくに男性に多くみられる傾向です（笑）。

ほとんどの人に求められる料理のスキルは、「毎日、おいしい料理を効率よく作り続けること」であって、本格イタリアンを家庭で作ることや、割烹の本格だしをとることではないはず。

まずは、ここに挙げた本を参考にしてみては？

『きょうの料理 ビギナーズ』（NHK出版）

小手先のテクニックではなく、料理全体のレベルが高まるコツが満載です。毎回、痒いところに手が届くわかりやすさで細かい工程を紹介してくれるので、初心者でも簡単にマネできます。

『オレンジページCooking』（オレンジページ）

「冬野菜」「夏のレシピ」「作り置き」など毎号テーマが決まっており、料理人からタレントさんまでさまざまなレシピを寄せています。まさにアイディアの宝庫。旬の野菜を使ったレシピはレパートリーが豊富で永久保存版です。

『料理通信』

（料理通信社）

料理が好きになってきて、少しマニアックな情報まで手に入れたいと思ったらこちら。名店の店主やシェフが、多少手間をかけてもおいしく作れるレシピを惜しげもなく教えてくれます。毎号、名作揃いです。

『あたりのキッチン』

（白乃雪著、講談社）

一度食べた料理をレシピまで解読できる、という特殊能力を持った大学生が、定食屋でアルバイトをする話。奇をてらったレシピは1つもなく、疲れて胃腸が弱ったサラリーマンに関西風のだしと大根おろしを使ったうどんを出すなど、料理にアイディアを1つ足すだけで人が幸せになれるということを教えてくれます。

『クッキングパパ』

（うえやまとち著、講談社）

大流行した「おにぎらず」を生んだのは、じつはこの漫画です。キャベツにコンビーフをねじ込んで丸ごとゆでたり、パイナップルを炊き込みご飯にしたり、ダイナミックなのにきちんとおいしいレシピは毎回示唆に富んでいます。漫画のコマ割りのなかでレシピを解説するのではなく、1ページ使って調理工程を解説してくれる親切さも◎。

『きのう何食べた？』

（よしながふみ著、講談社）

「昨日の残りがあったから、副菜はOK。ゆでておいた青菜は卵でとじよう…にんじんも余ってたから腐る前に入れちゃえ」。主人公のシロさんの吹き出しのセリフは、料理をする人の思考回路をあまりにも正確にトレースしています。これを読めば、どういう手順で考えると効率よく台所を回せるのかが自然と身についてしまう優れものです。

ヘルシー

定食屋さんの豚肉しょうが焼き

ご飯が進む！甘辛だれ&しょうが風味

コレだけ用意！

キャベツのせん切り　玉ねぎ　豚肩ロース薄切り肉

材料（2人分）

豚肩ロース薄切り肉…250g
玉ねぎ…½個
Ⓐ
- チューブしょうが…8㎝
- しょうゆ…大さじ2
- 酒、みりん…各大さじ1
- 砂糖…小さじ½

ごま油…大さじ½
キャベツのせん切り（市販）…適量

1. 玉ねぎは1㎝幅の薄切りにする。Ⓐは混ぜ合わせる。
2. フライパンにごま油を熱し、玉ねぎを入れてほぐしながら中火で炒める。全体に油が回ったら豚肉を広げて入れ、炒め合わせる。
3. 豚肉に半分ほど火が通ったらⒶを回し入れ、水分が半分くらいになるまで中火で煮詰める。器に盛り、キャベツのせん切りを添える。

！ 豚肉をたれに漬け込まない方法なら、肉がかたくならず、スピーディ。

玉ねぎを炒めて甘みを出し……
ジュージュー
肉を広げて投入！
勢いよく炒めろ！
甘辛だれを煮からめて！
完成！
調理時間
13分

包丁不要

居酒屋のハムカツ

コレだけ用意!

キャベツ

ハム

材料（2人分）

ハム … 8枚
薄力粉（まぶす用）、パン粉 … 各適量
〈バッター液〉
　卵 … 1個
　薄力粉、牛乳 … 各大さじ4
　こしょう … 1振り
サラダ油 … 適量
キャベツ … 適量
中濃ソース、マヨネーズ … 各適量

揚げ物初心者は、これから作れ!

❶ ハムは2枚を重ね、薄力粉をまぶす。

❷ バッター液を作る。薄力粉に牛乳大さじ1ずつを加えてダマがないようによく混ぜ、こしょう、卵を加えてさらに混ぜる。❶にからめ、パン粉をまぶし、冷蔵庫で10分休ませる。

❸ フライパンに油を深さ1㎝まで入れて180℃に熱し、❷の両面がこんがりとするまで揚げる。器に盛り、ソースをかけ、ちぎったキャベツとマヨネーズを添える。

! 厚いハムを使うと、食べ応え◎。

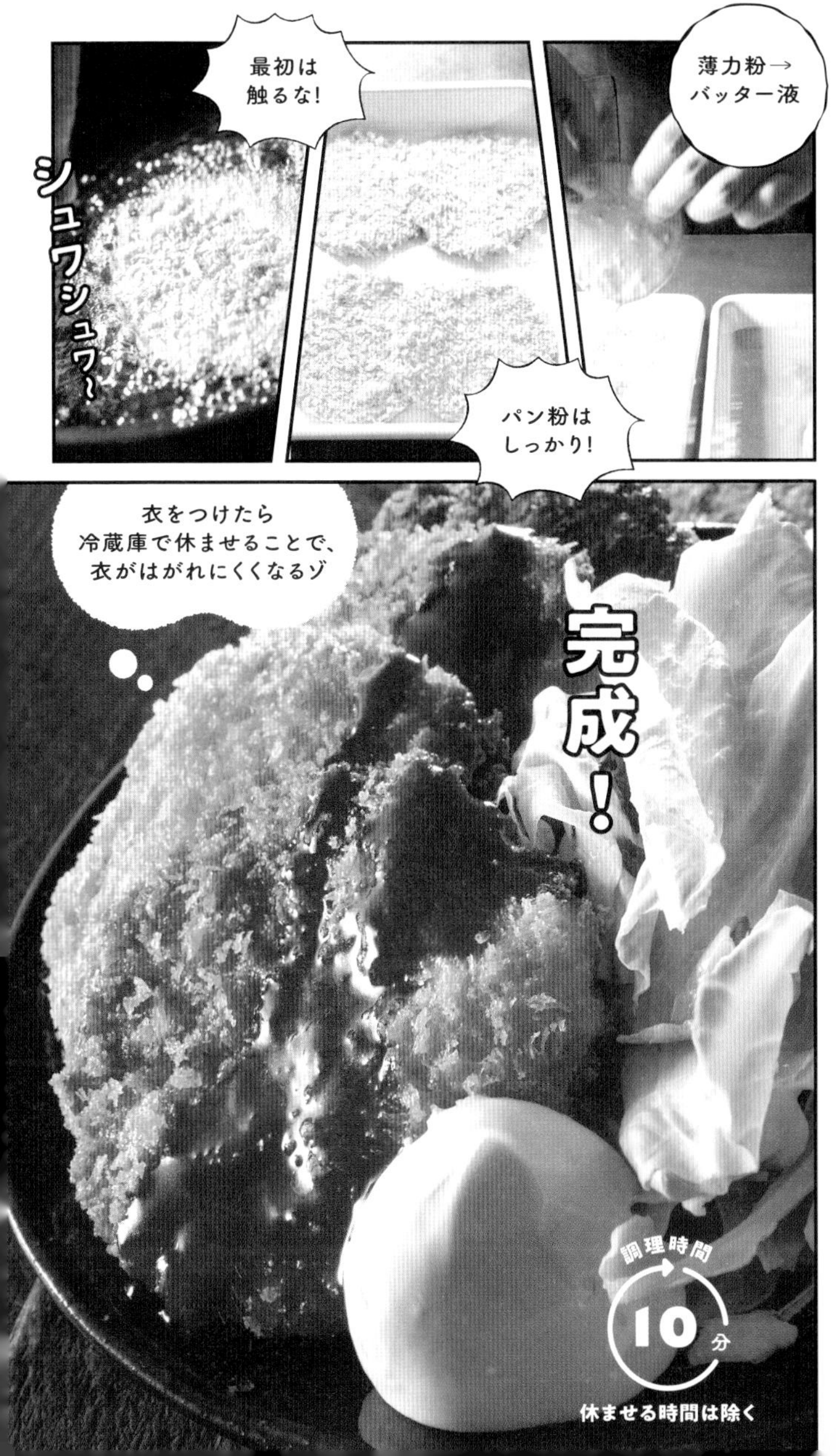
薄力粉→
バッター液
パン粉は
しっかり!
最初は
触るな!
シュワシュワ〜
衣をつけたら
冷蔵庫で休ませることで、
衣がはがれにくくなるゾ
完成!
調理時間
10分
休ませる時間は除く

火使わず　包丁不要

ファミレスのミラノ風ドリア

子どもも大人も大好きな「アレ」がご自宅で

コレだけ用意！

ピザ用チーズ　ミートソース　ホワイトソース　米

材料（2人分）

米…1合（180mℓ）

Ⓐ 牛乳…大さじ2
　 顆粒コンソメ…小さじ½

バター…10g

ホワイトソース（市販）…150g

ミートソース（市販）…100g

ピザ用チーズ…80g

❶ 米は洗って炊飯器の内釜に入れ、Ⓐを加え、水を1合の目盛りよりも少し少なめに入れて普通に炊く。

❷ ❶が炊き上がったらバターを混ぜる。

❸ 耐熱皿に❷を敷き、ホワイトソースを全体にかけ、中央にミートソースをのせ、周囲にピザ用チーズを散らし、オーブントースターで12分焼く。

！ より本格的な味にするには、バター20gで米を軽く透き通ってくるまで炒めてから炊こう。

牛乳や
コンソメを
入れて炊飯
炊き上がりに
バターを
混ぜる!
ご飯に
ホワイトソース、
ミートソース……
ドサッ!
チーズを
たっぷりのせて
焼け!
おいしい市販の
ホワイトソースと
ミートソースに圧倒的感謝
完成!
調理時間
18分
炊飯時間は除く

包丁不要　ヘルシー　作り置きOK

焼き鳥屋の鶏つくね

コレだけ用意！

鶏ひき肉

材料（2人分）

鶏ひき肉（もも）…250g
Ⓐ チューブしょうが…10cm
　 パン粉…大さじ2
　 ごま油…小さじ1
ごま油（焼く用）…小さじ1
Ⓑ しょうゆ、酒…各大さじ1
　 砂糖、片栗粉…各小さじ1
　 鶏ガラスープの素…小さじ¼
　 水…大さじ4
卵黄（好みで）…1個分

甘辛～いたれと卵黄がからみつく！

1. ボウルにひき肉、Ⓐを入れて指先で混ぜ、一口大に丸める。
2. フライパンにごま油を熱して❶を入れ、全体に焼き色がつくまで転がしながら中火で焼く。
3. ❷の余分な油をペーパータオルで拭きとり、混ぜ合わせたⒷを加え、とろみがつくまで弱火で煮からめる。器に盛り、好みで卵黄をのせる。

！

脂が溶け出さないように、指先で練ること。また、たれに片栗粉を入れると、とろみがついて、つくねによくからむ。

指先で
こねる
丸めろ!
コロコロ
こんがりと
焼く!
ジュ～
たれを
煮からめる

完成!
調理時間
20分

火使わず

ヘルシー

トルコ名物 さばサンド

またさば缶売れてまうやろ……

材料（2人分）

フランスパン（バゲットまたはバタール）…15cm

さば水煮缶…1缶（180g）

玉ねぎ…⅛個（薄切り）

トマト…1個（薄切り）

フリルレタス…2枚

塩…2つまみ

Ⓐ マヨネーズ…大さじ3
　 こしょう…2振り

バター…10g

1. 玉ねぎは薄切りにし、塩をまぶしてよくもみ、水で洗って水けを絞る。トマトは薄切り、レタスはパンの大きさに合わせてちぎる。
2. さば缶の汁をきってボウルに入れ、Ⓐを加えてほぐし混ぜる。
3. パンを横半分にカットしてバターを塗り、②、玉ねぎ、レタス、トマトの順にはさむ。

！ バターは常温or電子レンジで10秒加熱して溶かすと塗りやすい。

玉ねぎは
塩でもむ
ギュッギュッ
さば缶は
マヨで
味つけ
混ぜ混ぜ
バターを
塗った
パンにはさめ!
玉ねぎの辛みとトマト
の酸味、レタスの食感。
最強さば缶レシピ!
完成!
調理時間
13分

ハンバーガー屋のオニオンリング

カリッ！サクッ！食べ過ぎても罪悪感ゼロ

コレだけ用意！

決め手！

玉ねぎ

炭酸水

材料（2人分）

玉ねぎ…1個
薄力粉（まぶす用）…大さじ3
〈衣〉
薄力粉、片栗粉…各大さじ5
炭酸水…大さじ3と½
マヨネーズ…大さじ1
顆粒コンソメ…小さじ1
こしょう…1振り
サラダ油…適量

❶ 玉ねぎは1㎝幅の輪切りにし、水にさらしてペーパータオルに並べて水けを拭き、薄力粉をまぶす。

❷ ボウルに衣の材料を入れてよく混ぜる。

❸ フライパンに油を深さ2㎝まで入れて180℃に熱し、❶を❷にからめて入れ、カリッとするまで揚げる。

！ 混ぜ合わせた衣は時間が経つと粉が沈殿するので、こまめに底から混ぜ返して、玉ねぎにからめよう。

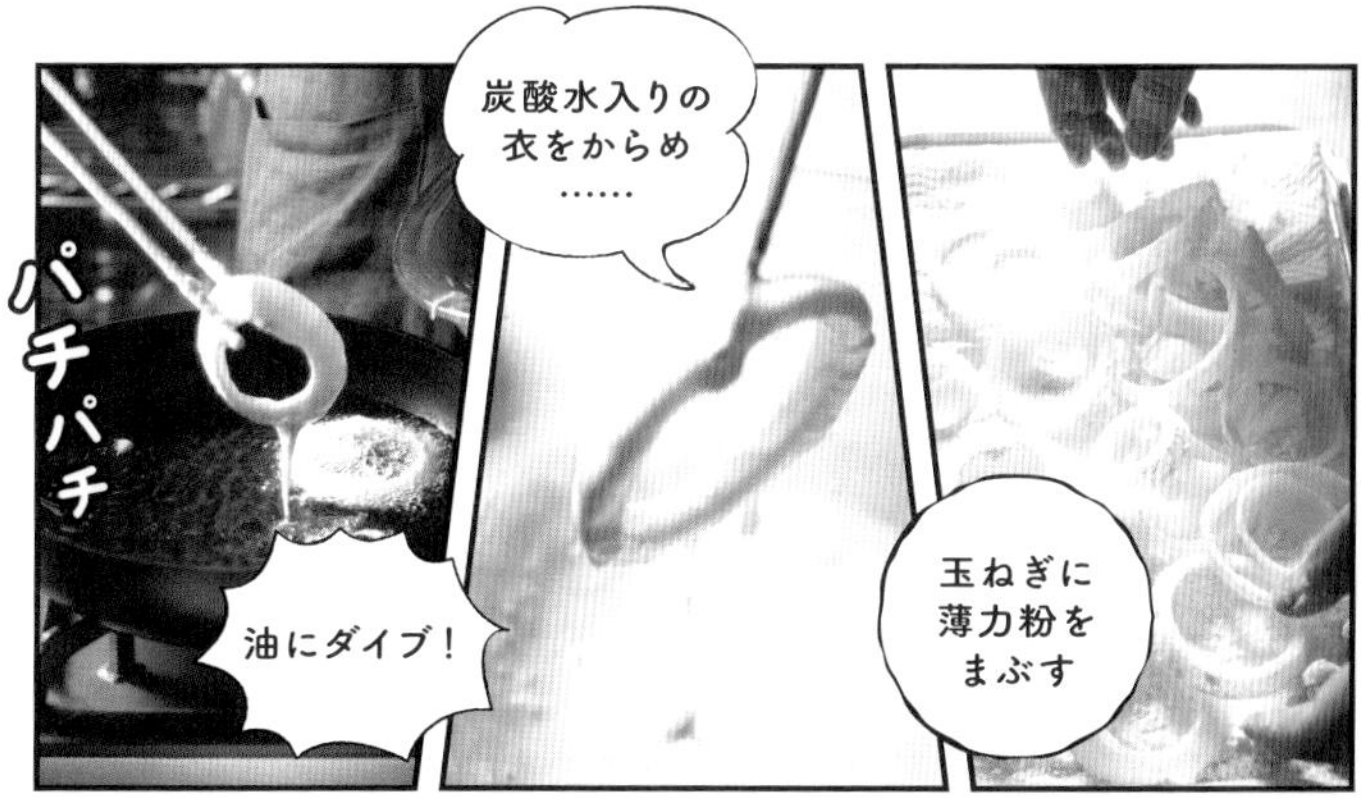
玉ねぎに
薄力粉を
まぶす
炭酸水入りの
衣をからめ
……
パチパチ
油にダイブ！

衣にマヨネーズや
コンソメで味をつけて
おけば、何もつけなくても
十分おいしい！
完成！
調理時間
18分

コレだけ用意!

卵

春巻きの皮

ピザ用チーズ

ハム

包丁不要　洗い物減

カフェめし風 春巻きの皮ガレット

材料（1人分）

春巻きの皮…2枚
ハム…2枚
ピザ用チーズ…30g
卵…1個
オリーブオイル（塗る用）…小さじ1
オリーブオイル（焼く用）…小さじ2
粗びき黒こしょう…2振り

❶ 春巻きの皮1枚にオリーブオイルを塗り、もう1枚重ねる。

❷ フライパンにオリーブオイルを引き、❶を入れる。ハム、チーズをのせ、中央をくぼませ、卵を割り入れる。皮の四隅を内側に折り込み、蓋をして弱火で10分ほど焼く。

❸ 器に盛り、粗びき黒こしょうを振る。

家族の記念日、子どもの運動会や遠足、
会社の同僚や友人とのパーティー……。
特別な日に、料理の腕を
振るってみませんか？
ワインに合うイタリアンから、
子どもにも食べやすいサイズの
手まり寿司まで、見て“映える”、
食べておいしい本格レシピをご紹介。
少しのコツで、大皿料理も
簡単に作れちゃいます。

Let's Party!

楽しく作って喜ばれる おもてなしうまレシピ Party

Part.5

「おもてなしうまレシピ」の目標

「料理をふるまおう」

1　相手のニーズ（目的）を掴め！

お酒も一緒に味わうパーティーなのか、子どももいるにぎやかな場なのかによって、喜ばれる料理はまったく違ってきます。もてなす相手の好みや性格をふまえ、どんな料理なら喜んでもらえるかを想像しましょう。

2　五感で楽しめる料理を作れ！

ここまで、さんざん「料理は効率優先」のようなことを言ってきました。しかし、少し料理に慣れて、相手のために作るようになってきたら、五感（味覚、聴覚、嗅覚、視覚、触覚）で楽しむことを意識しましょう。

3　“映え”でもてなせ！

五感の中でも「視覚」は、最初に認識される要素。第一印象を決めるので、見映えはとても大切です。和食には「青黄赤白黒（しょうおうしゃくびゃっこく）」という言葉があり、これら5色を取り入れると、おいしそうな盛りつけができるとされています。ぜひチャレンジしてみてください。

ローストビーフとアボカドローズ

保存袋&炊飯器で「真空料理風」に

調理時間 15分

炊飯器で保温する時間は除く

材料（3〜4人分）

【ローストビーフ】
牛ももブロック肉…300〜400g
塩、粗びき黒こしょう…各小さじ¼
オリーブオイル…小さじ1
熱湯…1ℓ
水…200㎖

【アボカドローズ】
アボカド…1個
粗びき黒こしょう…1振り

1. 牛肉は塩、粗びき黒こしょうをもみ込む。
2. フライパンにオリーブオイルを熱し、❶を入れ、一面ずつ強火で焼きつけ、全体に焼き目をつける。
3. 密閉袋に❷を入れる。水（分量外）の入ったボウルに沈めて、できるだけ空気を押し出して口を閉じる。
4. 炊飯器に分量の熱湯、水を入れ、❸を入れて保温モードで45分おく。
5. アボカドは種と皮をとり除き、5㎜厚さに切る。切り口を斜めにずらし、端から少しずつ巻いてバラの形にする。器に❹と共に盛り、粗びき黒こしょうを振る。

心躍る！
憧れのロービー！
お好みで
わさびじょうゆ
で召し上がれ

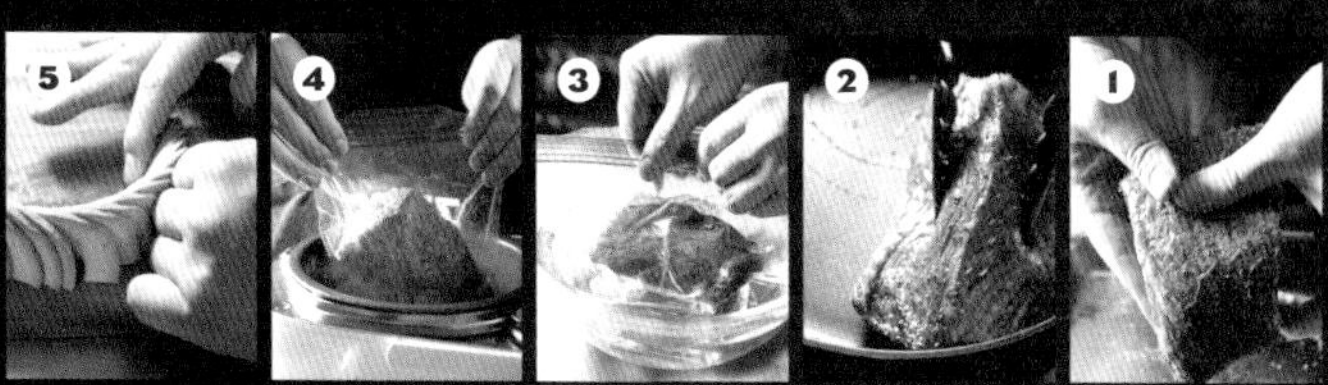
5
4
3
2
1

あさりやトマトのうまみが凝縮された簡単魚料理

たらのアクアパッツァ

調理時間 12分

材料（3～4人分）

たら…4切れ
ミニトマト…6～8個
あさり水煮缶…1缶（130g）
塩…小さじ¼
オリーブオイル（焼く用）…大さじ1
Ⓐ 白ワイン（または酒）…大さじ2
　 水…100mℓ
イタリアンパセリ…3～4本
オリーブオイル（仕上げ用）…大さじ1

1 たらは塩を振り、なじませる。ミニトマトはヘタをとる。

2 フライパンにオリーブオイルを熱し、たらを入れて両面の色が変わるまで強火で焼き、余分な油をペーパータオルで拭きとる。

3 Ⓐ、ミニトマト、あさり水煮缶を汁ごと加え、煮立ったら中火にして途中返しながら約5分煮る。

4 イタリアンパセリをちぎって散らし、オリーブオイルを回しかける。

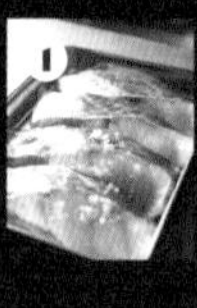

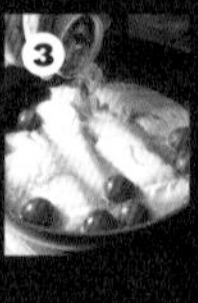

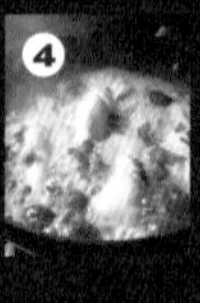

オシャレな魚料理の決定版！

焼きつけることで
魚の臭みが抜ける。
このひと手間で
おいしさアップ！

！たいなどの白身魚でもＯＫ！

パンは厚めに切ったほうが
よくオイルを吸っておいしい。
油分が多すぎるのが苦手な
人は薄めに切ってもOK！
おうちで
バル気分！

えびとマッシュルームのアヒージョ

調理時間 15分

材料（3～4人分）

えび…10尾
マッシュルーム…8個
にんにく…4かけ
フランスパン
（バゲットまたはバタール）…6㎝
塩…小さじ½
オリーブオイル…180㎖

1. えびは背側に切り目を入れ、竹串などで背ワタをとり除く。マッシュルームは石づきを落とす。にんにくはつぶす。パンは好みの厚さに切る。
2. フライパンににんにく、マッシュルーム、塩、オリーブオイルを入れ、弱火で約5分加熱する。
3. マッシュルームの上下を返し、えびを加えて、さらに約10分加熱する。パンを添える。

ワインが進みすぎて困るかも!?

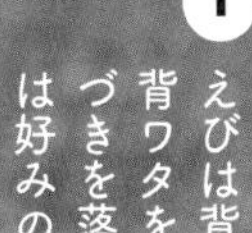

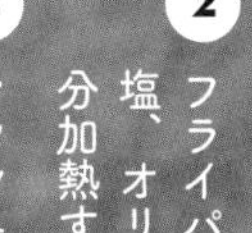

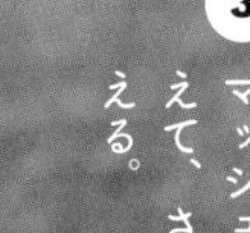

イベント、家族行事でテンション爆上げ!

4色手まり寿司

調理時間 20分
炊飯時間は除く

材料（3人分）

米…1合
サーモン（刺身用）…3切れ
まぐろ（刺身用）…3切れ
かに風味かまぼこ…2本
きゅうり…縦¼本
Ⓐ 酢…大さじ1
Ⓐ 砂糖…大さじ½
Ⓐ 塩…小さじ½
わさび、マヨネーズなど（お好み）

1. 米は洗い、ざるに上げる。炊飯器に入れ、1合の目盛りよりほんの少し少なめに水を加え、普通に炊く。ご飯が炊けたら混ぜ合わせたⒶを加えて混ぜ、ボウルに移して冷ます。
2. ❶を12個のボール状に丸める。
3. ラップを広げ、サーモン、❷を順にのせ、ラップでキュッと絞って丸く形作る。計3個作る。まぐろも同様に計3個作る。
4. かに風味かまぼこは細く裂き、広げたラップに格子状に重ねてのせ、❷をのせてラップでキュッと絞って丸く形作る。計3個作る。

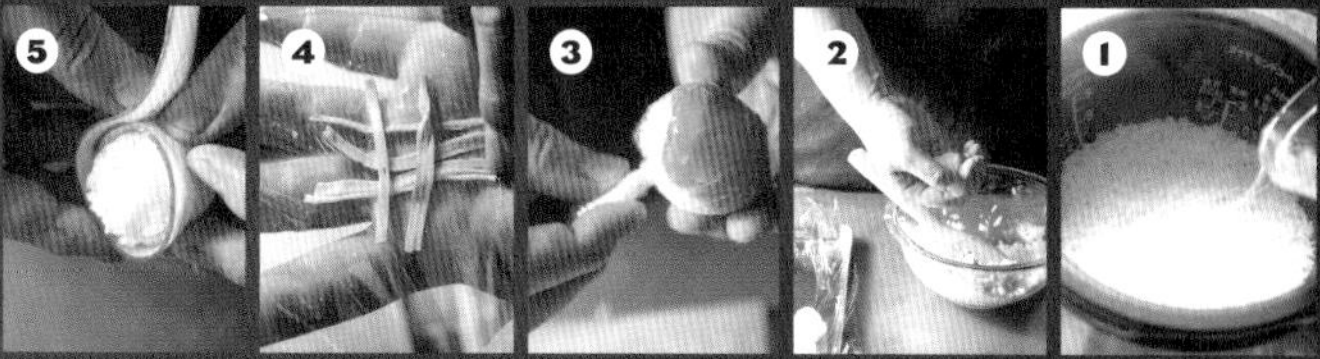

キュートさに撃沈！

❺ きゅうりはピーラーなどでリボン状に切って3枚用意し、1枚ずつ❷に巻く。計3個作る。

炊飯器の中でご飯にすし酢を混ぜるのがコツ。温度が下がらないのでご飯がベチャッとしない

卵サンドのニューカマー

ゆで卵とマヨあえ卵のダブル使い！

“萌え断”卵サンド

卵は冷蔵庫から出したて
でもOK。ただし、割れやすい
のでお玉などにのせて
そっと熱湯に入れよう

調理時間 14分

材料（2人分）

食パン（6枚切り）…2枚
卵…4個
Ⓐ マヨネーズ…大さじ2
　 塩、こしょう…各少々

❶ 小鍋に熱湯700mℓ（分量外）を強火で沸騰させ、卵をそっと入れて強火のまま8分ゆでる。とり出し、流水にさらしながら殻をむく。

❷ ❶の卵1個をボウルに入れてつぶし、Ⓐを混ぜ合わせる。

❸ 食パン2枚に❷を半量ずつ塗る。

❹ ❶の卵の残りは縦半分に切る。❸のパン1枚に卵の切り口を下にしてのせ、もう1枚のパンではさむ。卵の断面が見えるように半分に切る。

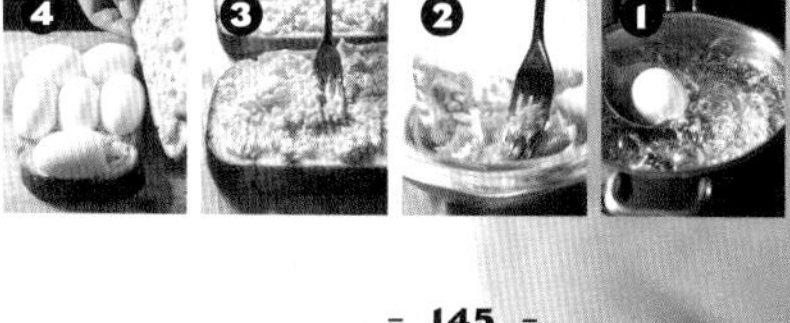

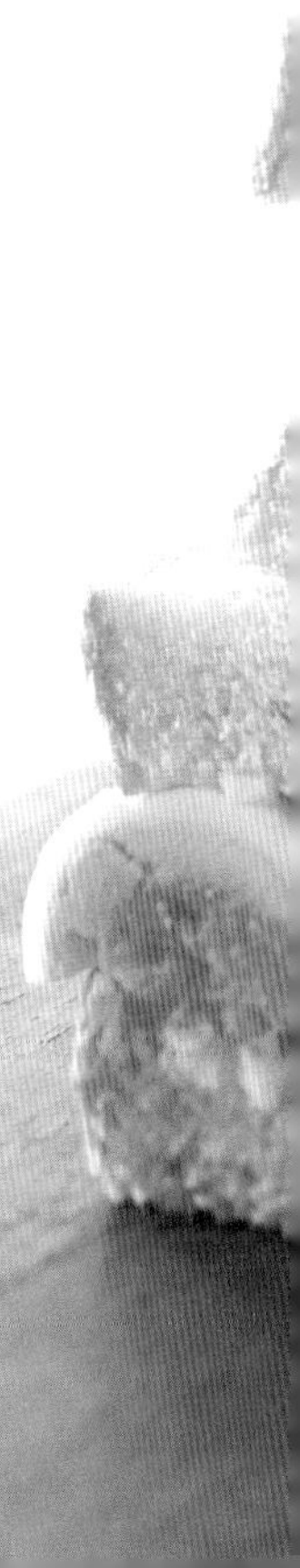

ボリューム満点！「おにぎり」の最高峰

“萌え断”おにぎらず

調理時間 10分

材料（4人分）

【えびフライおにぎらず】

温かいご飯…茶碗に軽く1杯（150g）
えびフライ（市販）…2〜3本
Ⓐ マヨネーズ…大さじ3
　ケチャップ…小さじ2
　砂糖…小さじ½
　こしょう…1振り
レタス…1枚
焼きのり…1枚

【ソースカツおにぎらず】

温かいご飯…茶碗に軽く1杯（150g）
ロースカツ（市販）…1枚
Ⓑ ウスターソース…大さじ3
　ケチャップ、砂糖…各小さじ2
　しょうゆ…小さじ1
せん切りキャベツ（市販）…適量（⅛袋）
焼きのり…1枚

❶ えびフライおにぎらずを作る。えびフライは4〜5㎝の長さに切り、混ぜ合わせたⒶであえる。

❷ ラップを広げ、のり1枚を菱形にのせ、ご飯の½量をのせ、レタス、❶をのせ、ご飯の残りで蓋をするようにのせる。

❸ のりの角を内側に折ってご飯を包み、ラップで全体を包む。

❹ ソースカツおにぎらずを作る。耐熱容器にⒷを入れて混ぜ、ラップをかけずに電子レンジで1分40秒加熱し、カツにからめる。作り方❷〜❸と同様に作る（レタスをキャベツに代える）。

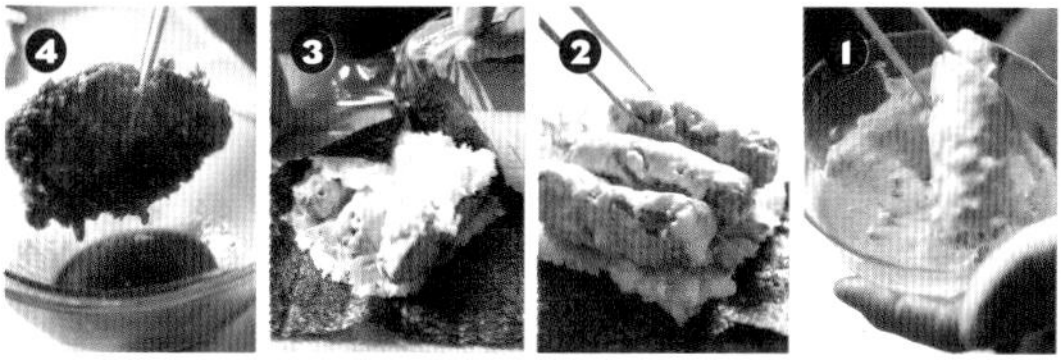
1
2
3
4

豪快にカブリつけ！
カツにはせん切りキャベツ。
えびフライにはレタス。
シャキシャキ野菜がフライを
グレードアップ！

家飲みNO.1候補！
豚肉は1枚ずつ
きちんと広げるのが
コツ

みぞれ鍋

調理時間 18分

材料（3〜4人分）

豚バラ薄切り肉…350g
えのき…1袋
万能ねぎ…1束
大根…½本（350〜450g）
Ⓐ 鶏ガラスープの素…大さじ2と½
Ⓐ こしょう…2振り
Ⓐ 酒…100mℓ
Ⓐ 水…400mℓ
ごま油…大さじ1

1
えのきは根元を落とし、ほぐす。万能ねぎは¾量を4〜5cm長さに切り、¼量を小口切りにする。大根はすりおろし、軽く水けを絞り、絞り汁は鍋に入れる。

2
1の鍋にⒶを加えて中火にかけ、フツフツしてきたらえのき、4〜5cm長さの万能ねぎを入れ、豚肉を広げて加える。

3
豚肉に火が通ったら、大根おろしを加えてひと煮立ちさせ、中央に小口切りの万能ねぎをのせ、ごま油を回しかける。

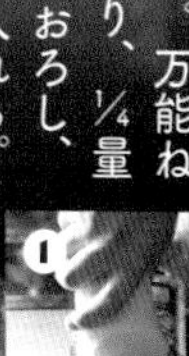

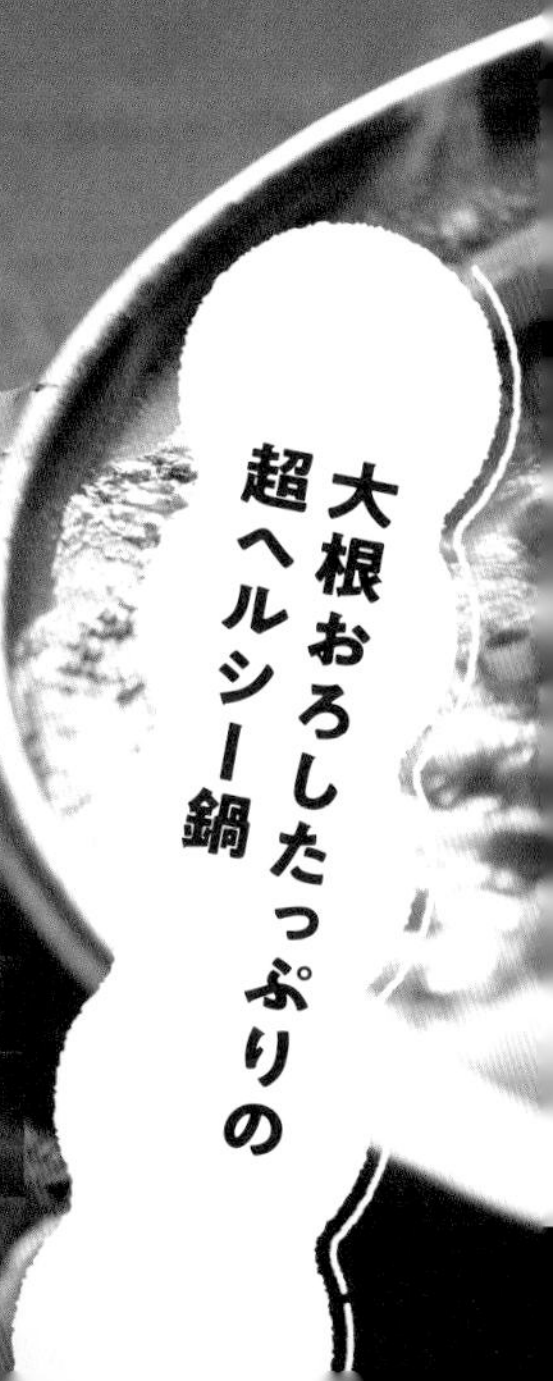

多色使いで、
映え&おいしさアップ!

生ハムとサーモンローズのサラダブーケ

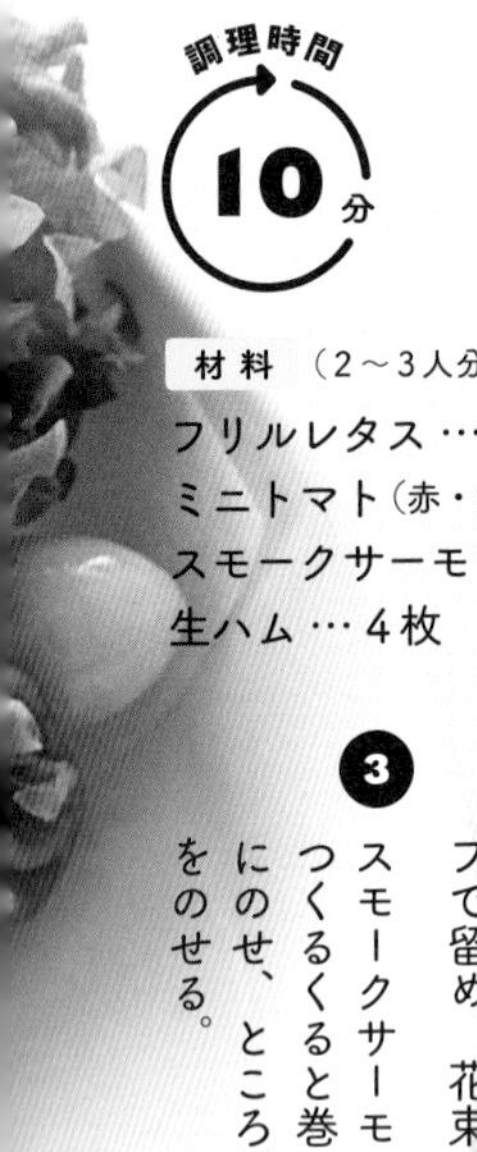

調理時間 10分

材料（2～3人分）

フリルレタス…1株
ミニトマト（赤・黄）…各2個
スモークサーモン…4枚
生ハム…4枚

❶ レタスは1枚ずつはがし、大きい葉から順に重ねる。ミニトマトはヘタをとる。

❷ オーブンシートを大きめに用意し、❶のレタスをのせ、端を絞ってテープで留め、花束のようにする。

❸ スモークサーモン、生ハムは1枚ずつくるくると巻いて花の形にして❷にのせ、ところどころにミニトマトをのせる。

❶

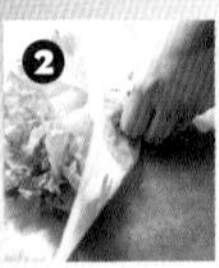
❷

❸

感謝の倍返しだ！

オーブンシート使いが
花束に見せるカギ。
手元をギュッと絞ろう

甘酸っぱくてほろ苦い大人味スイーツ

りんごキャラメルソテー

調理時間 12分

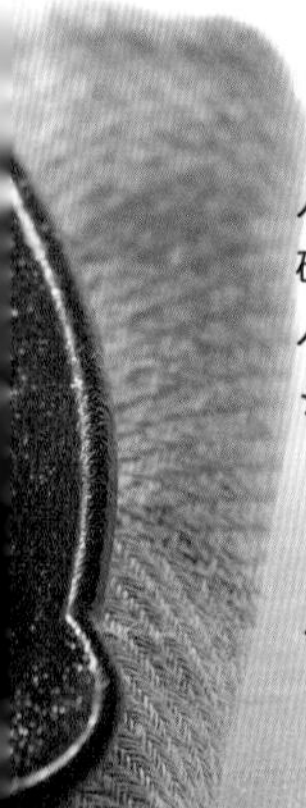

材料 （2人分）

りんご…1個
バター…20g
砂糖…30g
バニラアイス…適量
シナモン…1振り

❶ りんごは皮つきのまま8等分のくし形に切り、種を切り落とす。

❷ フライパンにバターを溶かし、❶を並べて中火で焼く。1〜2分したら砂糖を全体にまぶし、蓋をして弱めの中火で5分ほど焼く。

❸ バニラアイスをのせ、シナモンを振る。

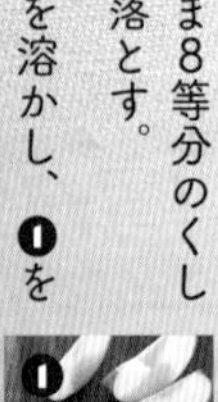

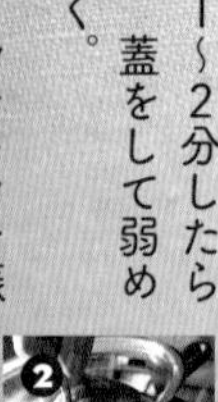

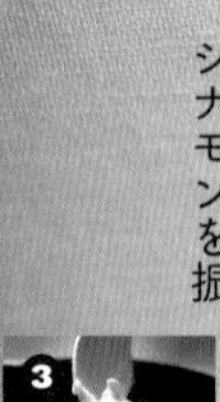

スキレットで作り、
そのままテーブルへ！

テッパンのひやうま〜

マグカッププリン

濃厚な甘みとなめらか食感に瞬殺必至！

調理時間 12分

材料 （300〜350mℓのマグカップ1個分）

〈カラメルソース〉
- 砂糖…小さじ2
- 水…小さじ2

〈卵液〉
- 卵…1個
- 牛乳…100mℓ
- 砂糖…小さじ4
- バニラエッセンス（あれば）…1たらし

❶ マグカップにカラメルソースの材料を入れて混ぜ、ラップをかけずに電子レンジで2分加熱する。色が薄い場合はさらに30秒加熱する。

❷ ボウルに卵液の材料を入れてよく混ぜ、別のボウルにざるで濾し入れ、❶に注ぐ。ラップをかけずに電子レンジで1分40秒加熱する。

❸ 粗熱が取れたら冷蔵庫で冷やす。スプーンの背でやさしく押してカップとの間にすき間を作り、器に返して盛る。

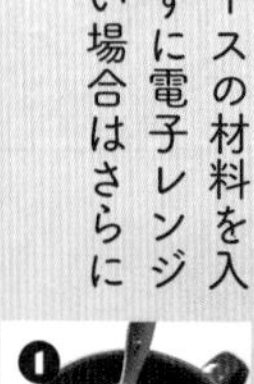

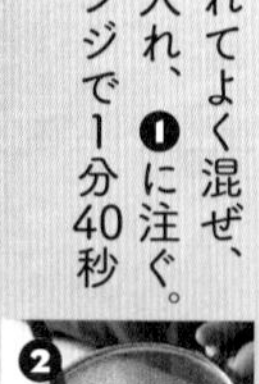

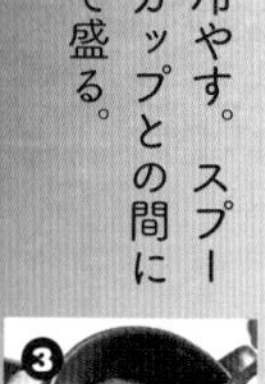

スイーツ界の王様降臨

厚みのある
マグカップなら、すが
立ちにくいのでおすすめ

Column

ジョーさん。マル秘「7つ道具」

料理のちょっとしたストレスは、道具の力を借りることでサクッと乗り越えられたりします。ぼくが料理するのに欠かせない「7つ道具」をご紹介しましょう。

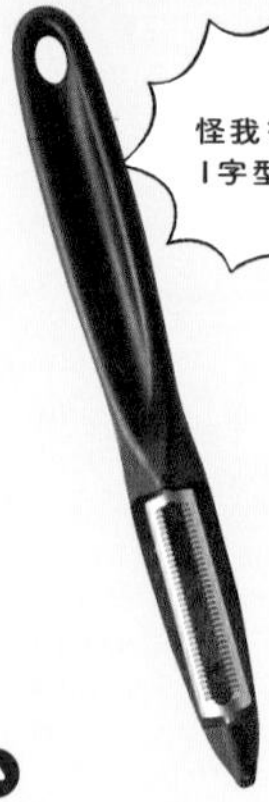
怪我をしにくい
I字型ピーラー

ビクトリノックスのピーラー

出合ってから12年使い続けているピーラー。ピーラーは切れ味が悪いと怪我のもとですが、頻繁に買い換えるものでもないので、長く使える信頼のできるブランドがおすすめ。波型の刃のため切れ味が落ちにくく、硬い皮も魔法みたいにスルスルむけます。

洗い物を減らす
万能スプーン

無印良品のシリコン調理スプーン

これ1つで、炒める、すくう、盛りつけるの3役で使える超有能キッチン器具。シリコン製なので、フライパンの底にくっついたこげをとることができ、鍋底も傷つけません。色移りしにくく、どんなキッチンにもなじむ黒色がおすすめ。

貝印の置ける計量スプーン

調味料を計量した後、そのまま調理台に置いておけるので、ものすごく便利。「次の手順はなんだったかな……」なんて目を離しても大丈夫。洗った後、柄の部分の穴をフックに掛けておけばすぐに乾きます。

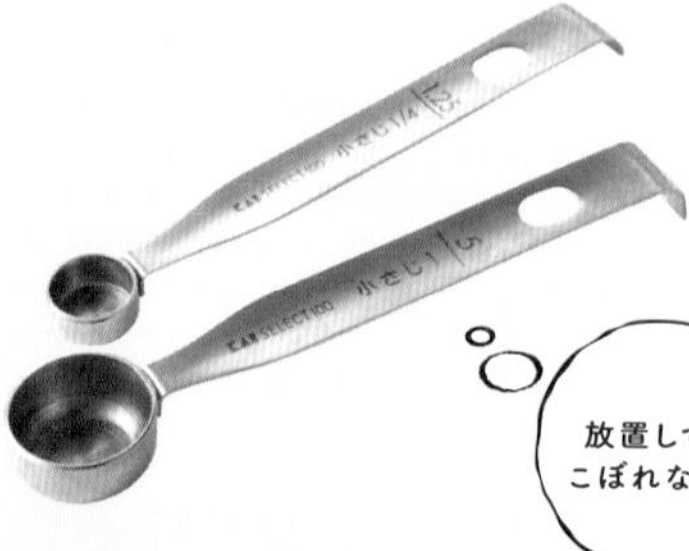
放置しても
こぼれな〜い

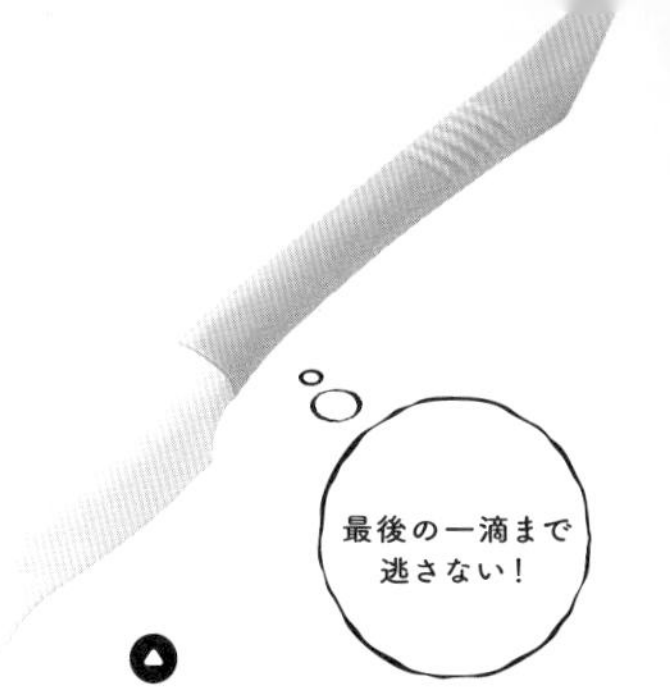

鳥部製作所のキッチンバサミ

取り外せるキッチンバサミは、部品のあいだにはさまったカスも洗えて衛生的。すべてのパーツが金属製なので、割れたり塗装が剥げたりして、食事に混入することがありません。刃物の町・三条市製だけあって、何年経っても切れ味が落ちません。

長く愛せる
必殺仕事人

無印良品の両面定規

「キッチンに定規?」と思われるかもしれませんが、チューブ系調味料を正確に測るのにマストな道具です。両面目盛りでどちらも使えること、黒地に白文字で視認性が高い点で、他の定規では代えられないアイテムになっています。

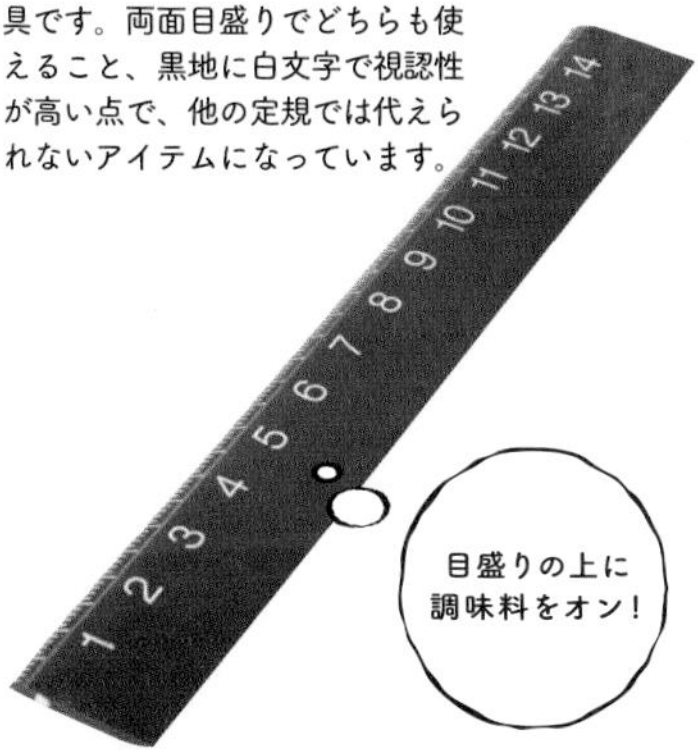

目盛りの上に
調味料をオン!

最後の一滴まで
逃さない!

レックのシリコンスパチュラ

柄の部分を使って缶詰のプルタブをあけたり、角ばった部分は缶詰のフチに残った食材、お皿やフライパンに残ったたれをぬぐい去るのにぴったり。シリコン部分がとにかく優秀で、しかも耐熱性なので、炒め道具としても使えます。

もう屈《かが》まなくて
イイ!

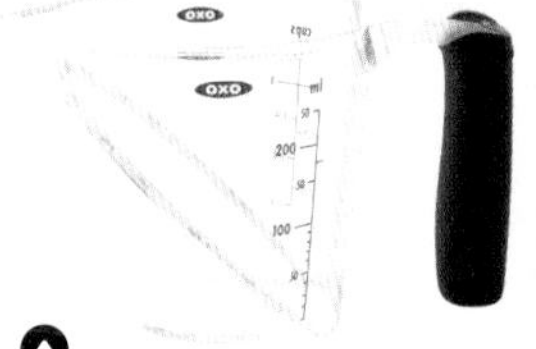

上から量がわかるOXO(オクソー)の計量カップ

台所の多くは、男性にはちょっと低い作りになっています。そのため、計量カップで水を測っていると、いちいち身を屈めたり、持ち上げて確認したりと手間がかかります。これなら、台所に置いたまま、身体を動かさずに計量可能。

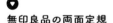

余りもの

「やべぇ、残っちまった！」を助ける

逆引き一覧

残りがちな食材を中心に登場ページをまとめました。

ジョーさん。

料理研究家。1988年生まれ。食の企画会社にて勤務後、独立。がっつりボリュームある肉料理から、旬の野菜をおいしく食べるレシピまで「台所に立つのが楽しくなるように」をモットーに、幅広いレシピを日々考案。

Twitterで投稿するレシピも人気で、フォロワー数は24万人超。ブラック企業での勤務経験もあり、忙しい人を応援するレシピも多数紹介している。

主な著書に、『めんどうなことしないうまさ極みレシピ』『ジョーさんのねとめし神レシピ』（以上、KADOKAWA）がある。

PHP
Business Shinsho

写真　鈴木正美（studio orange）
スタイリング　坂上嘉代
編集協力　飯村いずみ
編集　大隅 元（PHP研究所）

PHPビジネス新書 419

ジョーさん。の神速うまレシピ

2020年10月15日　第1版第1刷発行

著者　ジョーさん。
発行者　後藤淳一
発行所　株式会社PHP研究所
東京本部　〒135-8137　江東区豊洲5-6-52
第二制作部ビジネス課　☎03-3520-9619（編集）
普及部　☎03-3520-9630（販売）
京都本部　〒601-8411　京都市南区西九条北ノ内町11
PHP INTERFACE　https://www.php.co.jp/
装幀　細山田デザイン事務所
齋藤稔
（株式会社ジーラム）
印刷所　株式会社光邦
製本所　東京美術紙工協業組合

ISBN978-4-569-84759-7

「ＰＨＰビジネス新書」発刊にあたって

わからないことがあったら「インターネット」で何でも一発で調べられる時代。本という形でビジネスの知識を提供することに何の意味があるのか……その一つの答えとして「**血の通った実務書**」というコンセプトを提案させていただくのが本シリーズです。

経営知識やスキルといった、誰が語っても同じに思えるものでも、ビジネス界の第一線で活躍する人の語る言葉には、独特の迫力があります。そんな、「**現場を知る人が本音で語る**」知識を、ビジネスのあらゆる分野においてご提供していきたいと思っております。

本シリーズのシンボルマークは、理屈よりも実用性を重んじた古代ローマ人のイメージです。彼らが残した知識のように、本書の内容が永きにわたって皆様のビジネスのお役に立ち続けることを願っております。

二〇〇六年四月

ＰＨＰ研究所